たんぽぽみたいに

原田瑶子

文芸社

目次

はじめに

　お稽古ごとが始まる前の十五分間、ちびっ子クラスの子供たちと、いろんな話をしています。科学者のひらめきに学んだり、ちょっと背伸びして動植物の研究をする学者さんごっこやら、歌あそび。国内外の文学の紹介とか、夢をかたちにする方法をいっしょに考えたり、土の中を想像するなど、ジャンルは盛りだくさんです。

　子供たちには、のびのびと自由な感性で、自分を表現してもらいたい。

　この個性を生かしあう時間が十五分間の「お話タイム」です。

　子供の心や感性が育つ過程は、一つだけではありません。ここで紹介する盛りだくさんのテーマを、ちっちゃな体全体で受け止められたら、どんなに楽しいことでしょう。これから出会う冒険に子供ならではの発想を生かすチャンスになってくれればいいなと、ひそかに願っています。

　ですから、子供たちとすごす時間はわたしにとって真剣に盛り上がれる「超・お楽しみタイム」でもあるのです。

はじめに

では「超・お楽しみタイム」を始めましょう。

――ちびっ子クラスのみなさん、背筋を伸ばして、しっかりわたしの方を見ていますか。「お話タイム」ですよ。

それでは今日もたっぷり、いろいろなお話をしましょうね。

うーちゃん、今日はいちだんと目が輝いていますね。素晴らしい。がっちゃん、るーくん、たっちゃん、前に出てきすぎよ。畳一枚分がきみたちの陣地だもの。お約束のところにちゃんと座れるよね。はっきり聞こえるように大きな声で話すから、前へ出てこなくても大丈夫。

ほれ、だーくん、しんくん、やっくん。なに、でっかい口で笑っているの？ しーっ！ ニッキはだーくんたちにつられそうなんでしょう。かなり笑うのをがまんしてるみたいね。涙がちょろりんと、出てきているもの。きーちゃん、おーちゃん、さっちゃんはさすがよね。いちばん姿勢がいいわ。

はーい、みなさん。わたしのほうに集中！

全部の目がこちらをむきましたね。

では、いつものようにお話を始めましょうか？

第1話

いちばんの友達

——ねえ、みんな、親友っている？　とても仲良しでさ、友達の中の友達。何でも話せて、悲しいときとか、楽しいときがなぜか同時に来てしまうような、そんな友達がいるかな？

「ぼくいる！　いつでもいっしょなんだ。手をあげるときも、給食を食べるときも……帰るときも」

（一年生になったばかりのうーちゃんは、学校の生活全部が楽しいんだろうな）

「それって、先生の言うとおりにしたから、みんながいっしょに動くんじゃないの」

（きーちゃんは、クール）

「でも、同時なんだ。いっしょなんだから」

——呼吸があっているのかな。仲がいいからタイミングがぴったりなんだよね。

「そう」

（うーちゃんは返事をするとすぐ、キーちゃんの方をちろりって見

いちばんの友達

た。

　ふざけるのが得意のしんくんが、やけにまじめな顔をして手をあげている）

――しんくん、話てごらん。

「ぼくは親友なんていない。みんなと仲良しだけど、とりあえずそうしているだけだから。この前さ、一番仲良くしている子に、ぼくたち親友だよなって言ったら、違うよって言われた。だから、親友はいないいんだ」

――そうか……。親友同士になるって、大変なことなのかな？　仲良くなるためにに、もう少し時間が必要なのかも知れないね。

　人の心って、いろいろな体験をして、たくさんの「大変」を乗り越えてくると、その人ならではの、例えばしんくんでしか出せない特別な、いい味が出てくるんだよ。いい味が出せるころになると、「親友だよね」って確認しあわなくても、いつのまにか大切な友達同士になっていたりする。別にあわてることはないいんじゃないかな。ゆっくり、しんくんのいいところを伸ばしていけばいい。

（きーちゃんもちょっと深刻そう。話してもらおうかな）

第1話

——はい、そこ、手があがっているね。きーちゃん、話してごらん。

「わたしは、友達がいない。転勤族だもん。仲良くしたって、どうちみち、離れ離れになるし、だから、友達なんていらない。いつもいっしょにいられないのは、友達じゃないんだよ」

（きーちゃんの目がうっすら赤くなった。手をギュッと握って、両方の肩がぐんと高くなる。あらら、かたまっちゃった）

——いつもいっしょにいられない人のことを友達と呼べないなら、わたしの場合、なんて呼んだらいいんだろう。わたしの友達の話を聞いてくれる？

わたしが「親友」と呼んでいる友達は、一人はフランスに、一人は電車を乗り継いで二時間も離れているところに住んでいるの。もちろん、ずっといっしょにいられたときもあったけれど、距離や時間が離れ離れになったって、気持ちまでは、お互い遠くへ行かなかったんだ。だから、遠く離れると友達じゃなくなるっていうのは、わたしの場合には、当てはまらないね。

しょっちゅう話をしなくても、不思議なくらい友達のことを感じ

いちばんの友達

ていられる。あのね、わたしが風邪を引くでしょう。そうすると、ほかの二人も風邪をひくの。あるいは、嫌なことがあるとするでしょう。そんなとき、友達にすぐ手紙を書くの。それでその日のうちにその手紙をポストまで放り込みに行っちゃうの。まだ、わたしの手紙が友達の家についてるはずないのに、友達から手紙が届くのよ。開けてみるとね、それが、わたしの手紙の返事じゃなくて、同じ日の同じ時間に、同じ出来事があった、っていう内容なのよ。同じときに手紙をお互いに書いていて、いっしょのタイミングでポストにいれたんだとしか思えないよね。面白いでしょう。

友達が事故に遭うと、わたしも怪我をしているしね。だから、友達のためにも、自分をうんと大切にしないといけないなあって、真剣に思うのよ。だからわたしは毎日、健康に気を遣っていなくてはならないわけ。

「それ、変だよ。あるわけない。そんなの、兄弟だってないもん。なんかおかしいよ。ただの友達なのに」

（きーちゃんは、どうも信用できないみたい）

――そうかな。でも、本当だからしょうがない。

第1話

まだ、面白いことがある。フランスにいる友達とは、生まれた時間が三時間しか違わないこと。腹違いの双子なのよ！　もちろん実際にはあり得ないことだけど、本当に双子みたいなの。

こんなことってあるんだよ。自分の嫌いなところも、好きなところも全部、友達の長所であり、短所でもあるの。

二人の友達とは、どっちも、もう二十年以上のつき合い。きーちゃんの年の二倍よりもっと長く友達でいるんだよ。

「ふーん、不思議だね」

――きっといい友達に出会えるよ。

「どうしてそんなことがわかるの？」

――だって、わたし、きーちゃんのこと大好きだから。

「それ、なんか意味あるの？」

――おおあり！　人に好かれるってことは、いいところがたくさんあるってことだから。いい人とは、友達になりたいもの。それに、ずっと友達でいたいしね。

「ふーん」

――はははは。なんか疑り深いね。ま、いいか。そのうちに、

いちばんの友達

言っている意味が分かってくるだろうから。いまは、その日が早く来ることを願って、楽しみに待ってよーっと。きーちゃんの親友を紹介してもらうもん。いいでしょう? 覚えておいてね。

さて、ほかに言い忘れている人いるかな? 話してみて。

(すーくんの手が、半分だけあがっている。迷っているのかな)

――すーくん、言いたいことがあるみたいじゃない。わたしに教えてくれるかな。

「親友の意味がわかんない。仲良しのときもあるし、嫌いになるときもある。いつも友達といっしょにいたいとか、あんまり思わない。夕方の五時まで時間をつぶしていられる家の子なら、誰でもいいんだ。お母さんが仕事から帰ってくるまでは、ひまだから。とりあえずいっしょにいるけれど、別にどっちでもいい人なわけ。こういうのって、親友じゃないんでしょう」

――親友ってどんな人たちなんだろうね。

さっきもちょっと触れたけど、自分のことを大切にできて、自分のことが大好きって思えるようなふれあいができる相手かな。難しいね。大人になったって、それができる人を見つけるのは大変だと

第1話

思うもの。

わたしが、どんな人を友達にしたいか、ちょっとだけ言っちゃおうかな。

それはねえ、「ああ、きれい」「素敵！」「素晴らしいことだよ」とか、うれしくて胸がドキドキすることを、いっしょに飛び跳ねて喜びあえる人が、わたしの友達になることが多いかな。

わたしってね、天気がよかったり、小鳥たちが追いかけっこをしていたり、木々が風と遊んでいるところを眺めているだけでも、「なんか、今日はラッキー」って、思えちゃう。「なあんだ、そんなつまらないこと……」って、誰かが言うかも知れないけれど、些細なことがでっかい喜びに変わるんだな、これが。そんな「やった!!」「うれしい」「素敵だな」って、同じように感じる人は、別に、友達になろうって言わなくても、ずっと、そばにいられる。好きなことが同じ人といっしょにいると楽しいでしょう。どうかしら。

小さな喜びをすぐにでっかくできる人っているんだよ。だから、「楽しいね」「嬉しいね」って、いっぱい話してくれる人は、きっと親友になれるんじゃないかなあ。どう思う？

いちばんの友達

「親友って、誰でもなれるの？」

――もちろん！　素敵な仲間と思えるならね。

「へえー、それじゃあさ……。郵便局の前でいつも寝ている、ネコでもいいんだ。いい子なんだよ。ぼくが近くに寄っていくと、にまーって笑った顔をして、すりすりしてくる。絶対ぼくのことが好きなんだよ。好きなもの同士だよ。ね、親友でしょう」

（しんくんらしい……）

――うーん、親友って呼べる範囲って、ある意味、広いよなぁ……。

第2話

大人ってずるい

――みんなが大事にしているモノって何？

「グローブ！　お父さんが誕生日に買ってくれたんだ。かなりいいやつなんだよ」

（そういえば、じっくんは野球選手になりたかったんだっけ。ふふふ、いい顔をしている）

「ぼくは、弟。あいつがいっしょにいると、お父さんに怒られないから」

（どこの親でも下の子には甘いのかな。お兄ちゃんは大変なのね。でも、まこくんの場合は照れ隠しだろう。だって、まこくんはかなり弟に甘い。稽古場の入り口まで手をつないでくるし、なかなか離れられないのがおきまりだから）

「じゃあ、ぼくは、先生にしといてあげるよ。ムフフフフ」

（あらら、これは気を遣ってくれているのでしょうね。でも、まにうけちゃえ）

――うれしい！

大人ってずるい

（たっちゃんはおませな五歳児。一歳と二歳になる二人の妹にお母さんをとられて、ちょっと寂しいたっちゃん。スキンシップが大好きなおちゃめボーイである）

――みんなの大切なモノは、道具だったり、人間だったり、いろいろあるね。

それでは、わたしの大切なモノがなんなのか、当ててもらおうかな。わかる人いるかな？　ヒントを話すよ。

五年ぐらい前わたしは、ちょっと失敗して、右の鎖骨をポッキって折っちゃったの。

鎖骨って折ると、結構やっかいなんだ。どこを骨折してもやっかいだろうけれど。腕や足みたいにしっかりガチッて固めておけないの。ベルトでたすきがけして猫背にならないように止めておくんだど、息をするたびに骨が動いて痛いんだわ、これが。

出張先で怪我をしてね、そこが不慣れな町だったから、どこに病院あるのか、わからなかった。ひとりで病院へ行けなくて、救急車に来てもらったのよ。

「原田先生、格好悪い」

第2話

――そうなのよね。もっと格好悪いのは、人のいる前で大げさにずっこけたこと。ドテッてね。そのとき、ポキッてしっかり聞こえた。

救急隊が言うには、こんなにしっかり鎖骨を折ってるのに、「肩の骨が折れたみたいです」って、自分で救急車を呼んで、さっさと病院に入る人は滅多にないよ、女性で……だってさ。

「やっぱり、先生は男だったんだ」

――そういう話じゃないんだけれど。

まあ、とりあえず処置してもらって、家に帰らなくちゃならないんだけど、書類が重くってね、夕方のすごく混雑する時間帯に電車に乗らなくちゃいけないしで、気がめげそうだった。朝と夕方のラッシュって、ずごいんだぞ。骨が折れそうなくらい電車の中にギュウギュウ詰めになるんだから。そんな電車に一時間半もゆられなくてはならなかった。ほんとうに困ったわ、あのときは。

「なんで、先生は電車の中で、骨が折れなかったの？　なんで転ぶと肩の骨が折れるの？」

（るーくん、渋いところに気付きますな。まぎらわしいことを言う

大人ってずるい

てしまった）

――まったくだわ。どうしてだろう。電車の中では、運が良かったのかな。

「はあ……」

（納得していないみたい。ええい、このまま続けてしまえ）

――まあ、それで当時、一番下の子が保育園に行っていたから、帰宅途中に保育園へよらなくちゃならなかった。あと、冷蔵庫が、ほとんどからっぽだったから、買い物もしなくちゃならない。かなり、まずい状況。もう絶体絶命の大ピンチ。こんなところでのん気に骨折っている場合じゃないでしょうって、思ったわよ。

「わかった！　先生の大切なモノは骨と、子供だ」

――うーん。もちろん、子供も骨も大事なんだけど、この話には続きがあるんだよ。

わたしの、家の近所に住んでいる友達に、子供のお迎えだけでも頼めたらと、甘えた考えが浮かんでね。ええい、だめでもともとだとばかりに、病院から電話をかけたの。そうしたら、わたしのお迎えにも来てくれるって、その友達が言ってくれたのよ。びっくりし

第2話

ちゃった。

わたしの住まいはみんなと同じ横浜なの。でも、出張先は東京の新宿区だったから、病院まで電車を何回も乗り継がなくてはならないのに、二人の友達が、本当に迎えに来てくれたの。「心細かったでしょう。一緒に帰ってあげるからね」って言ってくれるのよ。体がジーンと熱くなって、涙が出そうになったわ。

「大人のくせに泣いたの。格好悪い」

（だーくんがからかってくる）

「うれしいときだって涙が出るものなのよ。あんた、子供ね」

（おませなきーちゃんがわたしに助け船を出してくれた。ふふふふ、いい子たち……）

その友達はわたしより十歳くらい上で、お姉さんみたいに感じる人たちなんだよ。こんなふうに人を助けられるってなかなかできることじゃないよね。下の子のお迎えも手伝ってくれて、親子は自宅で、無事再会をはたせたのよ。めでたし、めでたしでしょう。

さて、その後が大変なことになったの。

三人の子どもたちに、「お母さん、大丈夫？」って声をかけてもら

大人ってずるい

った瞬間、ホッとして気が抜けたのね。骨が折れていたことを、体が思い出しちゃったのよ。たちまち体中に痛みが走りだしてね。猛ダッシュでかけめぐったわ。それはもうね、「ぎゃあああああ……!」って感じ。

折れたところは右の肩だけなのに、体中に痛みが走り回るなんて変でしょう。一ミリも筋肉を動かさないように、自分の体をだましだまし息を吸うの。そうしないと、振動が肩に伝わって、ズッキン、ドッキン! それから、「ギャアアアアアア!」

息を吸うことが、こんなに難しいことかって初めて知った。

「原田先生、ばかみたい」

「ちょっと、大げさだよ」

「大人は、大げさが好きなのよ」

——まあ、まあ。

そのとき、わたしの子供たちは、一番上が小学六年生、二番が小学二年生、三番が年中組だったのね。寝たら寝たきり、起きたら起きたで悲鳴あげているお母さんの手伝いを、どの子もしたくて、一生懸命家事に挑戦してくれるんだけど、これがうまくいかないのよ。

第2話

それで、とうとう四人で「ぎゃあああ」になっちゃったわけ。

「ねえ、先生。旦那さんはいないの。助けてくれなかったの?」

——うーちゃん、いいところに気付きましたね。わたしの旦那さんは、仕事でずっと地方にいたの。人の数は多いけれど人出不足だったのよ。

家の中が汚れていても、体が臭くなっても、なんとか生きていけるけれど、これだけはどうしてもゆずれない大切なモノが、手に入らないことに気付いたの。

「ああ、わかった。先生の大切なモノは食べ物でしょう!」

——じっくん、なかなか勘がいいですな。それも当たり。あのときは特にそうだった。

六年生の子供は、家庭科が得意って言うけれど、裁縫だけしかやらない。二年生の子供は、掃除の手伝いをさせたことはあるけれど、食事の支度を手伝わせたことがない。年中の子供は、お姉ちゃんたちの邪魔はしても、手伝いができない。いやー、本当に困った。

とりあえず、緊急用非常食だけでなんとか喰いつなごうかとも思ったんだ。その時、もう一つ困ったことを思い出した。

大人ってずるい

予想外の事故で、治療費にけっこうお金を使ったことを忘れていたの。財布の中身は、子どもの小遣いより少なくなっていた。

「銀行へ行けばいいじゃん。すぐにお金がおろせるよ。ぼく、お母さんについて行ったことがあるもん」

（たっちゃはかしこい）

――そうだよね。銀行へ行けばいいんだよ。でも、わたしは痛みがひどくて、銀行まで行けなかったの。子供にキャッシュ・カードは任せられないでしょう。何があるかわからないものね。

それで、安全なはずの家の中で、私たち四人の親子は、遭難しそうになったわけ。

「がはははは、本当に原田先生はドジだなあ」

（だーくん、あなたは正しい）

「遭難ってなに？」

――がっちゃんには難しい言葉だったね。遭難っていうのは特に、山や海とか、助けてくれそうな人がほとんど通りかからないようなところで、危険な目に遭うことかな。

わたしの場合は、助けてくれる人が、玄関の呼び鈴を鳴らしてく

第2話

れない限り、閉ざされたマンションの一室で、親子四人がひもじく身を寄せあっていかなくてはならないという、恐い話なわけ。

「先生、また話が大きくなってるよ」

（熱くなりやすいわたしのクールダウンに、きーちゃんの言葉は効果てきめん）

「それで、先生の財布には、いくら入っていたの」

――三百円！

「ええ、ぼくより少ない」

――うーちゃんは金持ちだねえ。

「お菓子だって、ちょっとしか買えないじゃないか」

――やっくん、そのとおり。三百円の値打ちがわかる子供たちで良かった良かった。

さて、パンと、牛乳ぐらいは買えそうだから、六年生のお姉ちゃんに買い物へ行ってもらおうかなって、出かける準備をさせていたら、ピンポーンって、ドアのベルを鳴らす人がいるの。

「神さまが来たんだ。とうとう、お迎えですな」

――すーくん、あなた一体、日頃どんなテレビを見ているのよ。

大人ってずるい

ドアの向こうにいた人は、新宿区まで迎えにきてくれた、あの友達だった。「食事困っているでしょう」って、夕食をつくって持ってきてくれたの。人の思いやりっていいな、ありがたいなって、真剣に思った。

「先生の大切なモノって、思いやりのこと?」

――それも当たり。でもね、これにはまだまだ続きがありますよ。せっかくもらった食料を無駄には出来ないから、これを三回分に分けた。次の日の昼食までは確保したぞって、ちょっと安心。

三人の子供たちは、「根性だぜ! 気合いじゃや気合い! これしきのことで、負けてなるものか!」と声を上げた。そうしたら、子供たちまでもが「ようしゃ!!!」って、気合いが入っちゃった。基本的に、物事を難しく考えられんのね。

「原田先生っぽい」

「先生って、めげないね」

「まったく、いつでも、気合いを入れちゃうんだから」

――はい、そのとおり!

ねえ、まあ、ちょっと続きを聞いてもらえるかい。その後、子供

第2話

のころから仲良しの友達にも電話をかけたの。「骨、折っちゃったよ」って。そしたら、「あんた、ばかねえ」って言われちゃった。何日か過ぎたある日、「ようこちゃんへ。救援物資です」って友達から手紙付きの小包が届いた。お助け用宝箱ってところかな。

中には、きしめん、餅、おかし、お粥、カップラーメン、などなど。そしてなぜか、子供服。

「先生の大切なモノって友達のことかな？」

――うん、友達。それも大切。それから、協力すること、助けあう心。全部ひっくるめて、人を大事に思う気持ちも大切かな。

骨折して、損したなあって初めのうちは感じていたけれど、後になって考えると、本当は得しているんじゃないかなって思えてきた。

「先生、変じゃないの？　骨を折ったのになんで得した気分になるの」

――まあね、それもそうだけど、怪我をしなかったら、人の優しさや、友達のありがたさをこんなに身近に感じることはなかっただろうから。骨を一本折ったけど、かなり「ラッキーのもと」が集まってきたぞって、しみじみ感じた。三人の子供たちには、ずいぶん

大人ってずるい

心配をかけちゃったけれどね。

友達のせっかくの思いやりに答えるためにも、早く治さなくちゃいけないないなって思った。それで、骨にいいこともついでに研究しちゃった。

骨をつくるには、しっかりカルシウムを取ることが大事だけど、ただ、牛乳だけ飲んでいればいいってもんじゃない。お日さまの光を浴びて、カルシウムを骨にくっつけてもらわないとダメなんだって。人って自然の力を借りないと、結局やっていけないようにできているんだね。そこで、太陽が高いうちに散歩に出ることにしたの。

朝起きて天気がいい日だと、太陽めがけて「やっほー！　お日さま、今日もわたしは元気だぞ。たっぷり歩いて骨太になるぞ！」って発声練習。それだけで、健康になったような気がする。わたしの頭の中はかなり単純みたい。

「ふーん……。それじゃ、先生の大切なモノはお日さまなの？　早く答えを教えてよ」

――それでは、正解を言いましょう。わたしの大切なモノはね、わたしの周りを取り巻いている「すべてのモノ！」です。

第2話

「えーつ、それってずるい！」

もしもネコ語がわかったら

——みんなのうちの近くに、ネコっているでしょう? にんまりした目で、高いところから人間のこと眺めていたりしてね。もし、ネコの話が分かったら、みんなのことどんな風に話していると思う?

「すぐなぐる、むかつくやつ」

「凶暴」

「とろい」

「おとこおんな」

「かわいくない」

「なまいき」

——でるわ、でるわ。アップテンポでずいぶん言われているんだね。でも、なんで、怖い人にしか見えないの?

「あのね、いつも友達とかに言われているから」

——そうかしら? 他に誰か発表する人はいないかな。ネコはそんな怖いところしか見ていないのかな?

「弟とよく遊んでいる」

第3話

「空き缶や、ゴミを拾っている」

「乾いた洗濯物を、片づけてあげる」

「おせっかい」

「みく先生のおっぱいさわっちゃった」

「こうくんにチューしてるの見ちゃった。アハハハハハ！」

――へえ、ネコたちは、ずいぶんみんなのことをしっかり見てくれているんだね。ネコって不思議な力があるのかな。

昔、ネコは神さまって言われていたんだよ。本当にそうかも知れないって、思えてきただぞ。

エジプトっていう国にピラミッドがあって、その中の壁画にネコが描かれているの。ネコはなんでもお見通しなんだって。ネコっていうのは、生き物の内側の世界をとてもよく知っているらしいんだよ。そして、生き物みんなの、心の奥底に隠されている財宝を、外に導き出すことができるんだ。みんなの心に、お宝が眠っているんだってよ。どう、すごくない？

ネコの目が、月の満ち欠けのように丸くなったり、細くなったりするのも、月を目の中に持っているからなんだって。遠い空に輝い

もしもネコ語がわかったら

ていて、闇を照らす月を、目にしているネコ。昔の人のあこがれだったのかな。ネコを神秘的と思った古代エジプトの人のセンスって、素晴らしいなって思う。

さあ、みんな、どんどん想像していこうか。ネコは魔法の目で、素敵なみんなのことをどんな風に見ているのかな。

「たっちゃんは、いつも叱られている。わざとじゃないのに怒られてばっかり。ちょっと失敗しただけなのに……」

「元気にあいさつができる子はね、いい子なの。パパがそう言ってた。だから幼稚園に行くとき、ネコにもちゃんとおはようって言ってあげるんだよ」

――へえー。たっちゃんが叱られているところを、どこで見ていたんだろう。おーちゃんにあいさつしてもらえるネコは、きっと喜んでいるよ。

他にある? せっかくの魔法の目なのよ。何かないかな? あれ、静かになっちゃったね。では、みんなの分はこのへんでしめきりにしようかな。

さて、問題です。わたしはどんな風にネコに見られているでしょ

第3話

うか。

「どんな魔法を使って、いろんな声を出すのかな」

「お話を集めるのが好き」

「いっしょに遊ぶとたのしい」

「わらってばっかり」

「子供みたい」

「男みたいで怖いよ」

「えっ、やさしいじゃん」

「じゃあ、女みたい」

——おーい。わたしは生まれたときから女ですわい。ちょっと、ちびっこたち、知ってた？　まったく、お願いしますよ。

「アハハハ」

ネコの目の魔法で、みんなの心の声を聞いちゃったわ。

もしネコがわたしの話をしてくれるなら、こう言ってくれるとうれしいな。陽が昇ると、幸せそうな顔をして、晴れた日にはいっしょに散歩を楽しむ気楽な友達ってね。

「それってすごく、先生っぽい」

みんなおさる

——動物の行動を研究している偉い学者さんが、面白い実験をしたの。その人は、おさる博士って言われたりするんだって。特におさるに詳しい先生だから、そう呼ばれるんだろうね。だから、実験に出てくるのはもちろん、おさる。チンパンジーとオランウータン、さて、どちらがお利口でしょうか、っていう実験。

実験の道具は、透明プラスチックの大きな箱が一つと、おさるの大好きなバナナを一本使うんだよ。箱には仕掛けがあって、てっぺんにふたがついている。

実験の方法は、その箱の中にバナナを入れて、きちんとふたをしめる。ふたは押したり引いたりしてでは、開かないんだ。スライド式なの。横にスーッとずらすと、開くタイプ。開けやすいようにふたには小さな取っ手がついている。仕掛けのある透明の箱の中には、おいしそうなバナナが入っているのがしっかり見えているんだよ。

スケスケの箱の中で誘惑しているバナナをどのくらいの時間で仕掛けを見破って、食べれたかどうかを調べたの。箱の大きさは、ふ

第4話

たを開けて、そこからおさるが腕を伸ばしてもバナナには簡単に手の届かない、深くて大きなものを使っていますよ。二匹とも生まれてから二年ぐらいしかたっていない、まだほんの子供だね。さて、どっちが先だったでしょうか?

「ぼく知ってる。チンパンジーに決まっているよ。伊豆に行ったとき、芸をするチンパンジーの本物を見たもん。頭がいいんだよ。チンパンジーって」

「ぼくもそう思う。だって、動物園で枝を使って、なんかにつっこんでた。蜜をなめているんだって。だから、チンパンジーだよ、絶対」

――じっくんも、やっくんもチンパンジーだと思うんだね。

オランウータンを応援する人はいませんか。オランウータンってね、オランウータンの住んでいる国の言葉で「森の人」って言う意味。こっちのおさるさんも、この呼ばれかたからして、かなりのやり手だと思うんだけれども、どうかしらね。

「オランウータンも、多分バナナを食べられるけれど、のんびりしてるから負けちゃうよ」

みんなおさる

「そうだよ。動物園でオランウータン見たとき、ぼーっとしてて、空見ていたし……」

「わたしが動物園で見たときは、寒い日だったんだけれど、シーツみいたいな布で、体をくるんでいたよ。そういえば、おりの中に遊び道具があって、上手に使っていたっけ。手が器用なんだよ。それって、頭がいいんじゃないの？」

――さっちゃんとるーくんは、のんびりしているオランウーランを知っているんだね。きーちゃんは知恵のあるところを発見している。みんな、それなりに観察しているね。

じゃあ、このへんで実験のようすを話していこうかな。

まず、チンパンジーは、箱を見るなり大騒ぎになった。ギャーギャーって、声を上げて、バンザイしながら箱に近づいていったの。とにかく早くバナナを食べたいんでしょうね。簡単にバナナが採れないから、箱に顔を張り付けたり、蹴ったり殴ったり、転がしてみたりと、動きがはげしい。ガシャガシャと必死にいじくっていれば、そのうちになんとかなるでしょうっていう、考えるよりまず行動って感じだった。

第4話

チンパンジーは必死に箱とたたかっているうちに、ふたが少しだけ動いたことに気付いたの。その隙間に指を差し込んで、運良くふたが開いた。そこで、バナナをゲット。ごちそうのバナナを手に入れたチンパンジーは、うれしさが体いっぱいにあふれていて、幸せそうに食べたんだって。バナナを口にするまでの時間を計ったら、三分。時計のいちばん忙しく動く針が、グルン、グルン、グルンって、三回まわる間の時間だね。

では、オランウータンはどのくらいの時間がかかったと思う?

「絶対遅いよ、十分くらいはかかっただろうな」

「十二分くらいじゃないかな」

「十六分だよ」

(この手の話に強いうーちゃんが、最初に十分って言ったものだから、他の子たちがちびり、ちびりしか変化を加えない)

——他に意見のある人はいる? それとも、もっと短いって考えている人はいるかな?

「五分くらいじゃないかな」

——きーちゃんは五分と思うわけね。さっきより短くなったよ。

みんなおさる

他には？

「オランウータンなんだよ。きっと、三十分とか、一時間はかかるよ」

――だーくんは、うんと長く言ってくれた。一時間か、それは長いね。幼稚園、保育園の子たちはどう考えるかな。

「ちょっとの時間」

「ぼくがね、うんちをするぐらいの時間」

（幼児はなぜか、下ネタが好きである）

――それって、微妙な時間だね。おーちゃんのちょっとは、本当にちょっとなんだろうけれど、がっちゃんのうんちの時間は長いのかな、短いのかな？

「すごく長いよ。だって、足がチクチク痛くなるくらいだもん」

――なるほどね。さあ、たくさんのアイディアが出てきたね。一番長い人で、一時間って言う人もいたよ。短い人の方では、ちょっととか五分とか言う人もいたね。では、正解をぼちぼち披露するよ。

オランウータンはね、まずそろりそろりと箱に近づいていったの。それ中をよく見て、箱をさわって、てっぺんの方をなでてみたの。それ

第4話

からグルリっと箱の周りを回ったんだって。そうしたらね、箱の前にすわって、こんな風に鼻をほじくったの。

「ぎええっ！　鼻ほじんないでよ、先生。そんなにはっきりやってくれなくったって、わかるよ」

――わかりやすいのが、なによりと思ったんだけれどな。

ええと、それから、頭をかいて、おしりもポリポリかいて、その手の匂いをクンクンかぎ始めた。

「ぎゃー、やめてー！」

「だから、真似しないで、ってば」

「はははは、臭そう」

「なんで、先生が臭がって、倒れなくちゃいけないんだよ」

「オランウータンは、先生ほど変じゃないよ」

――あら、そう？　それは失礼しましたねえ。

さて、その後は、何やら静かになっちゃった。ボーっとしているようにも見えるし、考え事をしているようにも見える。とにかく、箱から少し離れたところで座り込んで、じっと動かなかったんだって。そうしたら突然、「はっ」ってひらめいたように動き始めて、さ

みんなおさる

つと箱のふたに手をかけて、その仕組みをしっかり確かめたら、上手にふたを開けてバナナを取ったの。バナナをむいて食べるときも落ち着いていて、チンパンジーみたいに大騒ぎせずにゆっくり食べたの。ここまでに使った時間は、ななななんと、チンパンジーと同じ、三分。

「えー！」

「なんで、チンパンジーと同じなの」

「どうしてそうなっちゃうの？」

――不思議に思う？　取り組み方が全然違うのに、同じ結果になったんだものね。オランウータンの方がはるかに時間が長く流れているように、外からは感じるけど、実は同じだったんだもんね。

さあ、ここでわたしは、このチンパンジーとオランウータンの個性について考えてみたいなと思う。目的に向かうときの心の傾けかたって、人だって、さるだって違うわけで、それぞれが全然違うから、それを個性って呼んでいる。

チンパンジーは、心を外側に発散させながら、目的まできたけど、オランウータンは頭脳でしっかりイメージしてから、目的をやり遂

第4話

げたんだね。つまり、まず行動、当たって砕けろタイプの、体験型のチンパンジー。それから、これまでの経験や知識から頭の中である程度どうやったらうまくいくか想像して、集中力で筋道を順序立てていくオランウータンのやり方。自由にイメージしてハッとひらめく思考型なんだろうね。オランウータンって、素敵なイメージがパッとひらめいちゃうんだから、天才タイプなのかな。

ところで、みんなはどっちに似ていると思う？　あるいは、どっちの方が、お得かなって思えたかな？

「ぼく、チンパンジー。ガンガン練習しまくって、強くなっていく方が好きだもん」

――じつくんは、野球選手になるためのトレーニングをイメージしたのかな。一に練習、二に練習。じつくんらしい考え方だね。他には？

「オランウータンの方がいいけど、今のわたしはチンパンジーのほうかな」

――きーちゃんは、なんでそう思うの？

「わたしは、いつもワーってあわてるから。バタバタするから、チ

みんなおさる

ンパンジーみたいでしょう。でも、オランウータンみたいに天オタイプの方が、なんか、かっこいい」

―― チンパンジーに似てるなって思った子、オランウータンに似てるなって思った子、チンパンジーとオランウータンが混ざってると感じた子。きっといろいろな意見がまだまだ出てくるんだろうけれど、ここでしめきりにしようかな。

さまざまな自己表現ができるのは、個性のおかげ。どれが良くて、どれが悪いっていう決まりはなくて、いっぱいあるから素晴らしい。

個性を自分の中や外で生かしていけると、もっと自分だけの表現力って、広がっていくんだろうね。たくさんの個性があるから、いろんな経験が生まれて、みんなは育っていくんだね。

さっきのおさるたちは「バナナを食べたい」っていう目的を持って頑張っていたけれど、その目的の部分を、みんなの目的に置き換えることで、自分の目標を叶えるための努力ができるんだ。夢をかなえるっていう、言葉におきかえてもいいよ。この手の体験を応用するための方法は、経験を重ねるたびに増えていくから、みんなの夢実現の可能性は、計り知れないね。みんな、いいなあ。

第4話

今日は、みんなとおさるを比べて、ながめてみちゃった。今度は、何といっしょに考えていこうかな。

「次は、人間にしてよ。ぼくはおさるじゃないんだから」

――はいはい。でも予定は未定。まあ、考えておきましょう。みんなの「好きなこと」が、うんと増えてくるようなモノがいいよね。これって、わたしの目的になるかな？

「はははははは、原田先生も、おさるだ」

――ありゃ、みんなおさるだね。

うんちもえらい

――ねえ、自然ってどこにある?

「山」

「遠足で行ったところ」

「海」

「宇宙」

「川の中」

「ダムのまわり、社会科見学で行ってきたもん」

――みんなの知っている自然は、ずいぶん遠くへ行かないと見つけることができないんだね。わたしは、稽古場へくるまでに、たくさんの自然と逢ってきましたよ。今朝から降り続ける雨、ベランダに放ったらかしの段ボールの下で雨宿りをしていたわらじ虫と、団子虫。水分をたっぷり飲み込んだ街路樹。花だんで働いているアリンコたち。おしゃべりなカラス。それから、さっき稽古場の軒下で丸まっていたネコ。それから……。

「何だ、そう言うことか。そんな自然のことか」

第5話

――ものしりうーちゃんとしては、とんだ不意打ちだったみたいね。ちょっと考えてみてごらん。わたしの話したのも、自然の一部でしょう。自然ってね、どこにでもあるんだよ。とても身近な存在なのに、なぜか特別なところまで会いに行かないと出会えないような、別枠のありがた系な存在になっているみたい。みんなの生活と自然って、切り放せないはずなのに。いつもありきたりの中に、たくさんの自然がいきわたっているのにね。

「じゃあさ、今吸っている空気も自然なの?」

――うーちゃん、いいところに気がついたね。とても大切な自然の一つだね。

「稽古場の下にもあるよ。だって、土があるもん。土の中にはいっぱい虫が住んでいて、土も住んでいて、草も木も住んでいるんだよ。あとね、どんどんもぐると、地球の真ん中もすごいんだ。ドラえもんが行ってきたから、見たことがある」

――るーくんはずいぶん専門的なことも知っているんだね。るーくんのネタは、ドラちゃんからなのかな。

二人の話を聞いただけだって、わたしたちのまわりは自然で満た

うんちもえらい

されていることがわかる。

　空気がうまれて、空ではお日さまが光りまくっていて、草や木の子供たちが風に乗って旅に出たり、いろんな色の動物がいて、大きいとか小さいにかかわらず、たくさんの形の生き物がいる。不思議がいつでもどこかで起きていて、みんな気付かないうちに、止めどなく生まれては消えていっている。どでかい輪の中で、とらわれない自然は、悠然と動いているんだね。いろんな色をした空気の流れをゆっくり眺めたり、耳を傾けたりしてごらんよ。すぐになにかと、出会えるはずだから。

　たとえば、土の中を眺めてみようか。土の中に住んでいる身近なすごいヤツ。その子たちは、土の中でいい仕事をしてくれているの。

「ねえ、その子たちって、土の中で暮らしているの？」

——そうだよ。その子たちの名前は、ミミミズ。

「なんだ、ミミミズか。その子、っていうから、人間だと思ったよ」

「先生の子供が、土の中で仕事してるんだと思ったぞ」

——そんなわけないでしょう。ただ親しみを込めて「その子たち」って言ったのよ。

第5話

「まぎらわしいな」

――ところで、ミミズの仕事って知ってる？　土の中でみんなの役に立ってるんだけど。

「気持ち悪い。前ね、学校の帰り、ミミズいたから男の子に頼んで、踏んでもらった」

――きーちゃん、なにもそこまでしなくても……。働き者なんですから。では、ミミズの仕事ぶりを紹介しようかな。

土を食べて、栄養満点の土を作ってるのよ。ミミズからの自然の恵みは「うんち」です。ミミズのうんちは立派な肥料で、栄養をたっぷり含んだその土で、野菜はたくさんのミネラルなどを蓄えながら大きくなる。そんな野菜を食べると、みんなの体は元気もりもりになる。ある地域では、ミミズを「土の神さま」って呼ぶところもあるくらい。あの子たちは偉いんだ。

「あっ、また『子』、って言った」

「親しみを込めるなら、ミミズちゃんって言ってよ」

――はははは、ミミズちゃんか。それも、仲良しの感じがする。さっちゃん、これ、いいアイディアだね。

うんちもえらい

私たちの気付かないところで、みんなを大切に育んでいる自然は、ありのままのことをしっかり当たり前のうちにやっていてくれるから、こうしてわたしたちは健康でいられるんだね。

さて、みんなは自然をありがたく感じるときって、どんなときか教えてくれるかな?

「うんち」

「るーくん、まじめな顔して言うなよ。ミミズの話は終わったんだぞ」

「だって、うんちなんだもん」

「なんでうんちなんだよ」

「出ると、ありがたいって、お母さんが言ってたもん」

「なんじゃ、そりゃ」

「どうして、だーくんは小学生なのに、わかんないの」

「そんなもん、わかんなくていいんだよ」

――はい、はい。うんちは、自然が一番だわ。るーくんのおかあさんを幸せにするありがたい自然なわけよね。この意味わかる? まあ、いいか。次までにありがたい自然についてもっと、考えてきて

第5話

もらおうかな。考えてきた人は、発表して下さいね。ヒントはね、
それは、「あっちこっちにありますよ」だよ。
「そんなこと、あたりまえでしょう」

夢をかたちにする方法

――みんなの好きな人、あこがれている人はだれかな？

「松井選手！」

――じつくん、すかさず答えてくれたね。野球の選手になりたいんだもんね。他に誰かいないかな？

「……」

「べつにいなーい」

――わたしには、たくさんの好きな人がいるけれど、今日みんなに紹介したいのは、ひらめきを実現した人の話。その名前は、アインシュタインさん。科学者なんだよ。とても有名な人で、様々な偉業を成し遂げたんだけど、わたしは目立った業績より、ありのままの自分を表現し続けたアインシュタインさんの一面が好きなの。

ひらめき、自在な感性を持っている人で、何より「どうしてなんだろう」という素朴な疑問から始まって、それが世界中の人たちを驚かせることになったんだよ。

アインシュタインさんは科学者だから、自分の感性の表現方法は

第6話

記号を使って、方程式って呼ばれる式にまとめたの。

そのうちみんなは重さについて学校で学習するんだろうけれど、一グラムのモノが内側に隠し持っているエネルギーはどのくらいあるのかって考えた。それが式になると、「$E=mc^2$」。これ、ちょっと有名なんだよ。

アニメなどでエネルギーとかパワーっていう言葉が出てくるでしょう。だからエネルギーが、力なんだろうなってことくらいは、だいたいわかるかな。

たとえば、一グラムの牛乳を想像してみて？　ほんのちょびっとのミルク。それが完全にエネルギーに変化するときに力を出す。その力って、石炭三千トンを燃やして手に入れられるエネルギーと同じなんだよって、さっきの方程式が教えてくれているわけ。三千トンといえば、雄のアフリカ象が、六百頭分の重さ。そのぐらいたくさんの石炭を燃やして得られるだけの力を持っているんだって。もちろん、モノを完全にエネルギーに変えてしまうのは簡単なことじゃないけれど、すごい発見だと思う。

みんな、かたまっちゃってるね。じゃ、これならわかるかな？

夢をかたちにする方法

ナベに水をいっぱい入れて、火にかける。水をお湯に変えるのよ。一見すると、火の力で水が暖まっていくだけで、ナベと水の持っているもともとの量にはかわりないって普通は考えちゃう。けれど、アインシュタインさんは、火からもらったエネルギーでナベの量が増えているんだよって考える。気づかないほどのものだけれど、特別なはかりを使ったら、増えているんだってさ。

ありゃりゃ、みんな気絶した？　ますますかたまったみたいなので次に進もうか。つまり、物の分量に光の飛ぶ早さをかけ合わせるとすごいエネルギーになるんだよ、っていう意味で、物の分量によっては、とんでもなくでっかい力を生み出すっていう長い説明を、たった「$E=mc^2$」だけにまとめてるってことよ。

数学や物理などの自然科学のすばらしさは、どでかいことも素朴でシンプルな形に表現するという芸術的要素があるってところかな。リラックスしたままでも、すさまじい集中力を持っていて、表現する力が巧みな人。アインシュタインさんの才能も、この方程式通りだね。

この方程式は、原爆という形で日本に、とっても悲しい結果を招

第6話

いてしまったけれど、素晴らしい発見を人の欲によって使い方を間違われてしまったんだと思う。そのことについてアインシュタインさんは、かなりショックだったらしい。

　さて、集中力ってどうやったら生まれてくるんだろうね。いったい、なにがそんなに人を駆り立てるんだろう。ようし、これを真剣にやってやるぞっていう気持ちとか、何かにとりつかれたみたいに、必死に仕事を頑張っちゃう力ってなんなんだろうね。本当に不思議。

　わたしもね、なんで五時間でも、十時間でも、歌ったり、書いたり、読んだり、飽きもせずに毎日毎日繰り返していられるんだろうって、ふと考えてみたりすることがある。何かのためにやっているのかな、とかね。「それが好きでたまらんわい」ってことなんだろうか。

　夢をかなえるって、好きをいっぱいやり続けることかな。好きなことだから、いくら繰り返しがあっても、ちっとも苦しくない。むしろ、楽しいからね。

　百回繰り返してできなくても、千回繰り返してできるまでやってみる。同じ事をしているようで、実はどんどん自分が成長しているからね。同じままじゃない。体験することは素晴らしいことだよ。一回、一回の積み重ねていくでしょう。そうすると、何気ないけれど隠された計り知れないパワーに変わって、自信につながっていくもの。

そういえば、みんなはまだ気付いていないかも知れないけれど、わたしは、みんながどんどんピカピカ光っていくのがわかるよ。会うたびに、みんな素敵になっていくんだもの。

「そうかな?」

「光ってないよ。電気ついてないもん」

「いつものままだよ。だって、背も伸びてないし、まだ年長のままだし」

――外側の変化じゃないの。みんなの内側を感じているんだよ。

「えっ、先生は内臓が見えるの?」

――みんなの体は透き通ってないから、わかんないよ。心を感じるって話。

さて、わたしの大好きなアインシュタインさんは、どんな内側をしていたのか、みんなといっしょに考えようかな。

第6話

アインシュタインさんはね、子供のころから「どうしてなんだろう」を発見するのが大得意だった。疑問に思う内容はとてもシンプルだけれど、的をえていて、まわりの人たちを驚かせたんだって。その「どうしてなんだろう」は、直感に近いものだったらしいよ。直感っていうのは、なにかの説明を誰かに聞いたり、考え方をあれこれとまとめてからではなくて、物事の本当の部分を心ですぐさま感じること。これって格好いいって、わたしなんかはすぐ思っちゃう。

この前、おさるのところで話した、オランウータンタイプかな。ひらめきがすごいって話。天才型だね。もっとも、アインシュタインさんをおさると比べたりしたら、山盛りのアインシュタインさんファンに怒られそうだけれど。

それではもうちょっと、アインシュタインさんをほめようかな。普通はさ、人前で知らないことにぶつかると、それが恥ずかしいと思ったり、知ったか振りをしたりして、その場を適当にごまかしたりするでしょう。こんなこと誰かに聞いたら、ばかにされちゃうかなって不安になったりしてね。でも、アインシュタインさんは平気。

とっても素朴な質問も、へっちゃらだった。それから、そんなの当たり前って、みんなが思い込んでいることでも、変だなあ、どうしてだろうって、好奇心をかりたてて、不思議を放ったらかしにしておかなかったんだね。

アインシュタインさんは、真実で、美しいものは、単純でとってもシンプルの中にひそんでいるってことを感じていたからじゃないかなと思う。無駄を取り払っていって、質素な部分をよく見ると、確かに大切なものっていっぱいある。

だから、わたしはこんなアインシュタインさんが好きなんだと思う。

「へえ、原田先生は、その人とラブラブになりたかったの?」

「その人って、男なの?」

——そう、男の人。それにずっと年上。

「年上だっていいじゃん。うちのお父さんはお母さんより十五も上だから。平気、平気」

——いやー、もっと上だなあ。それに、もうこの世にはいないんだよ。

第6話

「えっ、死んじゃったの？」

「いい人って、早死になのよ」

（きーちゃんたら、おませ。でも、早死にではない）

――ところで、十六歳でアインシュタインさんは、科学者として一生追い求めていくテーマを見つけたの。目標というか、課題ね。そこから六十年間ずうっと一つのことだけを考え続けたの。死ぬまでね。この一つのために、ありとあらゆる作業を膨大なテーマをこなしていったんだよ。十六歳といえば、高校二年生かな。そのころから、ずうっと「どうしてなんだろう」を追いかけ続けたわけ。

もういっちょ、おもしろいところを紹介しようかな。アインシュタインさんは、新しい理論を三分おきに考えることができたんだって。

理論っていうのは、本当のことや、何か起きたことの意味を理解したり、ひとまとめに説明したりして、誰にでもわかる知識や考えにまとめたもの。わかる？　誰にでもわかる本当の話ってことかな。今度は砕けすぎたかな。

本当を見抜くイメージが、三分おきに頭に浮かんでくるわけ。それって、子供には誰でもそなわっている、想像力なんだってよ。大人になってもそれができたアインシュタインさんはすごいけど、みんなは今、一番の力の発揮時なわけ。

どうしてなんだろう、なにが素敵なんだろうって思い続けられることって素晴らしいことで、みんなもすごい力を出せるチャンスの中にいるんだよ。

「先生ってさ、いつもぼくたちのこと、すごいとか、えらいとかって言ってるじゃない。でもさ、なんでそんなにすごいって思えるわけ?」

——ふふふ、それがすごいって言っているの。なんでだろう、どうしてだろうって、自分で考えてみようとするその気持ちが、えらいのよ。

「ふーん。それって、おだてじゃないの」

——そんなわけないでしょう。じっくんは、すごい。

(にやにや笑って、頭をかいているじっくん。「すごい」「えらい」は魔法の言葉)

——あと、もう一つ大切なことをつけ加えなくちゃね。想像する

第6話

ときに必要なもの。それは時間だよ。

　ほとんどの大人の人が感じることで、最近では子供も大人みたいなことを言っているの。「ああ、忙しい、忙しい」ってね。時間がないことが自慢になっているのかな。おもしろいね。アインシュタインさんは、いつも時間があることが自慢だったんだって。アインシュタインさんはね、つねに思考にひたれる人で、場所や時間を選ぶ必要がなかったかららしいの。どんな環境でも、すぐに深く集中できるから、考える時間がたっぷりあるんだってさ。仕事はどこでもできるってわけ。

　こういったタイプって格好いいな。わたしも真似しようかなと思うけれど、これが難しいんだな。仕事の他に、家事や育児があるでしょ。どれも放っておけなくて、心も体もあっちにもこっちにもひっぱられる。いつでも何かにとらわれているから、やっぱり時間がないって感じる。修行が足りないのかしらん。

「ぼくも。サッカーとか、野球とか、友達といっぱいやりたいことあるけど、お母さんに、遊んでばっかりいちゃダメって言われる。宿題はもう終わったのって言われると、あーあ、時間が足りないな

夢をかたちにする方法

って思う」

（すーくんも、忙しい人なのね）

——足りない時間も、上手に使えるようになると、夢ってかなっていくのかな。

　いつも好奇心旺盛で、自然のインスピレーションに対して、いつも自分の心を傾けていられるから、アインシュタインさんは、科学者というより芸術家っぽい。時間をのびのび使って、表現していくんだ。

　ありのままの現象を科学っていう方法を使って、方程式っていう作品をつくったと考えたらわかりやすいかな。物事のとらえ方が自然だから、その発想に、世の中がワクワクドキドキさせられるんだろうな。

　みんなもなりたいもの、形にしたいものがいっぱいあると思う。それは、ずっと持ち続けて欲しいな。今みんなの持っている直感的なアイディアと、感受性で求めていく自分の目標は、とても大切なものなんだ。どのくらい大切なのかは、後になってから気付くことも多いけれど、今の夢を大切に育ててほしいと思うよ。

第6話

夢を形にするにはね、それを考えたり、行動したりするための地道な努力が、ちっとも苦労にならなくて、誰がなんと言おうと、その達成感が、喜びに変わるまでの道のりを楽しんで続けていくことなんだよ。

みんな、まず、やってごらん。

どうしても止められない、楽しい遊びが、将来みんなの仕事になっているかも知れないから。

恐縮ですが
切手を貼っ
てお出しく
ださい

112-0004

東京都文京区
後楽2－23－12
(株) 文芸社
ご愛読者カード係行

書　名					
お買上 書店名	都道 府県	市区 郡			書店
ふりがな お名前			明治 大正 昭和　　年生　　歳		
ふりがな ご住所	□□□-□□□□			性別 男・女	
お電話 番　号	（ブックサービスの際、必要）	ご職業			

お買い求めの動機
1．書店店頭で見て　2．当社の目録を見て　3．人にすすめられて
4．新聞広告、雑誌記事、書評を見て（新聞、雑誌名　　　　　　　　　　　）

上の質問に1．と答えられた方の直接的な動機
1．タイトルにひかれた　2．著者　3．目次　4．カバーデザイン　5．帯　6．その他

ご講読新聞	新聞	ご講読雑誌

文芸社の本をお買い求めいただきありがとうございます。
この愛読者カードは今後の小社出版の企画およびイベント等の資料として役立たせていただきます。

本書についてのご意見、ご感想をお聞かせ下さい。

① 内容について

② カバー、タイトル、編集について

今後、出版する上でとりあげてほしいテーマを挙げて下さい。

最近読んでおもしろかった本をお聞かせ下さい。

お客様の研究成果やお考えを出版してみたいというお気持ちはありますか。

ある　　ない　　内容・テーマ（　　　　　　　　　　）

「ある」場合、弊社の担当者から出版のご案内が必要ですか。

希望する　　希望しない

ご協力ありがとうございました。

〈ブックサービスのご案内〉

当社では、書籍の直接販売を料金着払いの宅急便サービスにて承っております。ご購入希望がございましたら下の欄に書名と冊数をお書きの上ご返送下さい。（送料１回380円）

ご注文書名	冊数	ご注文書名	冊数
	冊		冊
	冊		冊

たんぽぽみたいに

——今日は草や木の私生活について話そうかな。ねえ、私生活って知ってる? よその人の隠された、外からは見えない生活のことだよ。ちょっとあやしい感じがするかな?

まあ、そんなことはどうでもいいか。とにかく今日の場合は、みんなの知らない草や木の生活について話すわね。

さて、草や木はものを見ることができるんだって。どうやって見ているんだろうね。それから、数を数えることもできるし、仲間同士で意志を伝えあうことだってできるらしいの。植物の才能について知ってることある?

「多分知ってるけど、今は思い出せない」

——ふーん。じゃあ、思い出してもらおうかな。

植木鉢に植えられた植物に電極をつけて、植物の感情を研究した植物学者さんが言うには、植物は好き、嫌いがはっきりしてるんだって。

好きだと、電気を発していつぱい喜ぶし、嫌いだと、とても静か。

第7話

素敵な音楽にも、そのメロディーにあわせてスイングしているんだって。サボテン、百合、シクラメン、盆栽の梅の木に、電気を音にかえる装置を付けたんだけど、実験した植物たちは、ワーイワーイって、はしゃいでいるように音を出したり、聞こえてくる音楽にハミングしていたり。まるで音を感じて、楽しんでいるように反応していたの。

「ああ、それ知ってるよ。テレビで見たことがある。隣においてある植木鉢の花をいじめると、怒っているみたいな音を出すんだよ」

――さっちゃんの見ていたテレビ番組を、わたしも見ていたかも知れないな。こうしてわたしが話す植物の情報は、映像や本から集めたりするからね。では、これはどうかな。

暗いところで芽生えた植物の芽は、隙間からもれる光に向かってシュルシュルシュルって伸びていくんだ。これは、光を感じているというか、光が見えているんだと思えないかな。

それから牧場などでまわりを囲んでいる生け垣の花はね、日が沈むときは西を向いているけど、夜の間に向きを変えて、朝日を浴びるために東向きになるんだよ。何日間も、一定の方向から光が当た

るようにしても、この習慣は変わらない。これって、何がわかって
いるんだろう？

「これも光じゃないの？　明るいことがわかるから、向きを変えら
れるんだよ」

——光が一定の方向からでも、同じ行動をとっているんだよ。こ
ろ合いを見計らって向きを変えているんだけれど、じつくん、もう
一声頭をしぼってみよう。いい考えが出てくるんじゃないかな。

「さつきと同じ答えになるわけないよ。先生は答えが同じになる問
題を、こういうときには出さないもん。だから、光じゃないよ。で
も、なにかなあ」

——きーちゃんは、わたしのくせを見抜いて問題を検討している
の？　あなどれませんなあ。

この答えは、ころ合いをはかることができるわけだから、時間が
わかるってことだね。

では、次はわかるかな？

ハエジゴクっていうモウセンゴ科の食虫植物がいるんだけれど、
このハエジゴクは、必殺仕掛人のナンバーワン。巧妙なわなでハエ

第7話

を捕まえるの。アメリカのノースカロライナ州とサウスカロライナ州というところの間にある海岸の湿った土地、湿原にだけ住んでいるんだって。分度器を二つくっつけたみたいな形で、緑色の葉っぱに太い毛のようなものが何本かのびているの。だれか図鑑や、植物園などで見たことがあるんじゃないかな。ハエジゴクって結構有名だから。ハエジゴクが葉っぱを閉じるとき、その運動の引き金になる剛毛の一本に一回さわるだけじゃ何も起きない。だから、ハエはハエジゴクのわなに、何も気付かない。でも、二回目には他の毛にさわったり同じ毛にさわるとパクッてハエをはさむように閉じるの。

これは、ハエジゴクが何を知っているんだと思う?

「光」

「時間」

「ちがうよ。もう言ったもん。触れるのがわかる」

「ハエ」

「虫、全部」

――ハエジゴクは、数がわかるんじゃないかな。一回目はおとなしくしているけれど、ハエがわなにしっかりかかったころ、二回目には、パクッて葉を閉じるからね。だから、とりあえず「二」までは、数えられる。

「あー！　そうか」

「ぼくは、百まで数えられるよ」

——ふーん。そうか。がっちゃんはハエジゴクよりたくさん数を知っていて、良かった、良かった。

ところで、植物も、住む場所や食べていくために、そして身を守るために敵と戦っている。敵はいろいろいるけれどね。動物みたいでしょう。

たとえばね、自分のツルで他の樹木を絞め殺してしまうシメコロシノキ。グロテスクな名前でしょう。インドや東南アジア、オーストラリアの北の方でよく見られるその植物は、自分の気に入った住みかがあると、横取りするの。闘って奪う、気の強い木。良い場所に住んでいる他の木をゆっくり取り巻くように成長して、包み込んだ木の養分で育つの。それが、まるで絞め殺しちゃったみたいに見えるから、シメコロシノキって呼ばれている。

「お父さんの転勤でインドに行くことがあったら、そこで見られる

第7話

かな」

──こうくんがもしインドに行ったら、本物に出会えるかも知れないね。

「闘う植物か、会ってみたいな」

──そうだね。もし会えたら、一番にわたしに教えてよ。その時の話、聞かせてね。

「うん」

──大昔の地球の生き物は、みんな海の中だった。その海から陸上に最初にでてきたのは植物なの。今だって、動物の住めないようなところで生活している植物もいるから、動物より植物の方がよっぽど地球で成功しているんじゃないかな。

「植物は海で、どうやって生まれてきたの?」

──地球誕生に秘密が隠されているの。熱い地球が冷やされて、雨がふって水ができて、そこで命のもとが誕生した。その命のもとは、数えきれないほどの生死をくり返して、今この世に存在する植物と動物のもとになった。この話にはいると、植物の私生活よりもっと細かい説明が必要になるから、別の機会にしようかな。

たんぽぽみたいに

「わたしね、動物と植物は神さまがつくったって習ったの。これはうそなの?」

――きーちゃん、それはうそではないと思うよ。人間の力では計り知れない超自然的な神秘が地球にはたくさんあるからね。きーちゃんにお話をしてくれた人はきっと、小さなきーちゃんにもわかりやすいように説明してくれたんだよ。今回のような話の場合は、自然科学に親しんだらもっとくわしく知ることができる。広く浅く知ることも、深くせまく知ることも、きーちゃんは自由に選んで学習することができるよ。疑問を持つことは、新しい知識が増えるきっかけだから、素晴らしいことなんだよ。どんどん不思議を見つけてね。

さて、植物はたいてい、動物より大きくなって、長生きだよね。おかげで、わたしたち動物は助かっているの。どんな動物だって、間接的なものも含めれば、みんな、植物のおかげで生きているんだもん。だって、ライオンなどの、肉食動物も、草食動物を捕獲することで、植物の栄養をもらっているものね。みんなは、ステーキとサラダをセットで食べているのかな。

第7話

人間は、植物にいっぱい頼っているんだ。他にどんな風に頼っているか、知っている人はいるかな。

「わかんなーい」

――このまま続けようか。

食べ物としてはもちろん、燃料、布地、建物に使う材料、などさまざまな形で頼っているの。

「そんなにたくさん頼ったら、草や木がなくなっちゃうじゃない」

――うん、そうだね。それって、とても心配だよね。地球が熱くなっているのって、こういうことが原因だったりするもの。でも、草や木を切る人がいっぱいいる中でも、植物たちは闘っている。その人たちの洋服や、靴下などに種をくっつけて、よその土地に連れていってもらったり……。植物は生きるための縄張りを広げるのに動物たちを利用するの。成長に長い時間をかける樹木だから、ずいぶんと気の遠くなるような努力だと思うけれど。ねっ、負けてないでしょう。

結局お互い、持ちつ持たれつ助け合って生きているから、独りよがりにならないで、支えあいたいよね。

たんぽぽみたいに

「お話の意味、わかんない」

――幼稚園のがっちゃんにはちょっと難しかったかも知れないね。ごめん、ごめん。

「わたしは、今ぐらいの方が楽しい」

――やっぱりちびっ子クラスの最年長きーちゃんには、ちょうど良かったか。幼稚園、保育園の子たちは、背伸びをさせちゃったね。

それでは、ここで、みんなに植物になってもらおうかな。イメージしてごらん。みんなはどんな植物になるんだろう。

目を閉じてごらん。

さあ、いまみんなは、植物の王国へ向かっているよ。入口は、どこにでもあるから大丈夫。タンスの中、やかんのふたをあげてごらん。トイレの便器、壁紙の裏にも入口はあるよ。入りたいところから、出発しよう。ぐんぐん歩いて林をぬけて、深い森へ入っていこう。森に住んでいる木々たちが、空からふりそそぐ光をていねいにろ過して、幸せのエッセンスをみんなのところまで届けてくれたよ。どう？　森の香りはしてきたかな。風が体を通りすぎるのを感じているかな。光のしずくは、みんなのことを包んでくれている？　森

第7話

の植物になれる、魔法の光だよ。

いま、みんなは、どんな森の仲間になっているのかな。

森の中をもっともっと進んでみようよ。王国の中心が見えてきたよ。花をたくさん付けた草が、地面いっぱいに広がっている。

肩の力を抜いて、ゆっくり呼吸してみよう。みんなの頭は、森をぬけて、いろどり鮮やかな草花たちでいっぱいになっている。

どんな花をつけているのかな?

風の色を見てごらんよ。光と混ざりあっている。いったいみんなには、何色に見えるんだろう。赤、黄色、紫、オレンジ、それとも……。


自分の好きなものに変身してみようか。

そのまま、寝ころんでごらん。体全部が大地と仲良しになるくらい、力を抜いて、ゆったりしよう。

ふわふわと、白い綿毛が飛んできたよ。両手でそっとつかまえてごらん。つぶしてしまわないように、そっとね。綿毛の先に、小さな命がくっついている。種だよ。みんながよく知っている、たんぽぽの赤ちゃん。

たんぽぽみたいに

体を起こしてみようか。まだ目はつぶったままだよ。丸くて白いぼんぼりが見えるかな。たんぽぽの赤ちゃんたちが、旅に出る準備が整ったんだよ。ぼんぼりをやさしく吹いてごらん。ほうら、気の合う風にのっかって、新しい冒険の始まり。

たんぽぽみたいに飛んでいけたら、どんなに気持ちがいいだろう。青い空と、光る花のじゅうたんのすきまをふわふわりん。

いま、みんなはたんぽぽの赤ちゃんになって飛んでいる。気持ちのいい空間を、リラックスして飛んでいるかなあ。また寝っころがってもいいよ。立ち上がって、動いてもいいよ。自然に身をまかせてごらん。

どう？　みんなはいま、どこにいる？

さあ、もとの位置にもどろうか。

どうだった？　のんびりできたかな。イメージの旅にちゃんと出られた人は？

みんな手が上がっているね。ときどきこんなゲームもいいかな？

わたしね、たんぽぽって好きだな。天を仰いで咲いているでしょ

第7話

う。大地に体をはりつけてながめる空って、すごくでっかく見えるから、いつも最高の景色を眺めているたんぽぽって、いいなって思う。

みんなはどんな植物が好きなのかな。

ああ、そうだ。次は、好きな動物になってもらおうかな。

「げーっ、なんかめんどくさそう」

――まあ、そう言わずに、いろいろ体験してみようよ。

しあわせのもと

――ねえ、みんな、ものを燃やすと何になるか知ってる?

「ダイオキシン」

「ダイオキシンだよ」

「誰だってそんなこと、知ってるよ」

――小学生ともなると、話すことが違いますすね。でも、ダイオキシンはものを燃やすと発生するんだよね。わたしが聞きたかったのは、残りかすの方。さて、なんでしょう。

「なあーんだ。それなら、灰になるんだよ」

――そうだね。灰だよね。さっちゃん、当たりですよ。灰が出てくる昔話で、それがもとで幸せになった人は誰でしょう。

「……」

――ちょっと、頭の中、真っ白になっているんじゃないの? ちょっと、こっちの世界へもどっておいで。おーい、聞こえているかい?

「花咲かじいさん」

第8話

――そうだね。「花咲かじいさん」だよね。さっちゃん、助かったよ。みんな思い出したかな？

「あー、知ってたよ」

「いま、言おうと思っていたんだ」

「手をあげたのに、先生ったら気付いてくれなかったでしょう」

――はははは、ほんとうにそうだったかな？　まあ、いいや。

さて、ここで問題です。灰になった名犬ぽち。その灰をまいたおじいさんは、どんな不思議と出会ったのでしょうか？

「枯れ木に花がたくさん咲いたの。それで、おじいさんは、殿様を喜ばせて、幸せに暮らしたんだよ」

――今日はさっちゃんが活躍していますね。玄関先でお父さんが見ていてくれるからかな。このまま、はりきってどうぞ。

この話では、灰が幸せのもとになったけど、これがすごいよね。大切なものは、どんな形になっても大切のままで、その幸せが続くなんてさ。

ところで、大正時代の童謡作家が、花咲かじいさんの灰を、別のいいところにまいたら、とっても素敵なことが起こるよって紹介し

しあわせのもと

てくれているんだ。作家の名前は金子みすゞさん。知っている人はいるかな?

「ああ、その人知ってる。学校で習ったもん」

——小学三年生のきーちゃんはもうすでに金子みすゞの作品を、知っているみたいだね。本日紹介する作品は、教科書に出てきたかな。では、作品にふれながら、灰のゆくえを追っていこう。


「花咲かじいさん」に言いました。「いいことをしたいから、灰をおくれ」って。

みんな急に正座になったね。良い姿勢です。

「さくら、もくれん、なし、すももは、どっちみち春には咲くからまかないんだって」。

みんな深くうなずいているところを見ると、同感なのかな。

「全部の灰を、一度も赤い花を付けたことのない、つまらなそうな森にまくんだよ」だって。「もしも見事に咲いたら、森はどんなにうれしかろう。わたしもどんなにうれしかろう」って言ってるよ。

花の美しさを知らない森が、一面に花をつけたら、どんなに喜ぶ

第8話

だろう。みすゞさんは、いいところに灰をまいたね。

みんなだったら、どんなところに灰をまくのかな。どこに花が咲いたらうれしいのかな？

「道でつぶれた、雑草に花が咲いたらいい」

――うーちゃんの灰は、頑張る花になりそうだね。他には？

「寒くて、枯れちゃった草にも、花が咲くといいな」

――じっくんの灰は、根性で花をつけるのかな。おもしろいね。他にはどう？　どんなものに灰をかけてあげようか。素敵がおきてほしいものってまだあるかな？

「電柱」

――電柱に花を咲かせるの？　うーちゃんらしいね。街がにぎやかになりそうだわ。

「ぼく、ベランダにまく。ぼくのお母さんね、花が大好きなんだよ」

――がっちゃんは、お母さんの好きなものをもっと増やしてあげるんだね。やさしいね。

「ぼくのうちの近くにいる犬。とにかくよくほえるから、花になったら静かだろうな」

しあわせのもと

——やっくんの花は、ずいぶん危険な匂いのする花になりそうね。おーちゃん、さっきからにこにこしているけれど、いいこと考えているんじゃないの。それ教えて欲しいな。どこに灰がかかるといいかな。

「……」

(おーちゃんがかたまった)

——ありゃりゃ、ガチガチに変身したね。それじゃあ、おーちゃんの大好きな人にかけてみるっていうのはどうかな。きれいに飾ってあげたい人いる?

「パパ」

(おーちゃんたら、満面に笑顔を作って、そのままピョンとはねた)

——ただの灰なのに、「花が咲く魔法の粉」ってイメージしたらどれもこれも楽しくて、好きなものに変わったよ。考え方、とらえ方、心の向け方でこんなに世界はガラリと変わるんだね。

みんなが「つまんない」とか「こんなもの」って思っている中に、うっかり見過ごしている「いいもの」があるのかもね。

わたしは、こういう「いいもの」を全部ひっくるめて、「しあわせ

第8話

のもと」って呼んでいるの。嫌いなこと、つまらないもの、楽しくないときに、しあわせのもとを使って、好きなこと、ありがたいこと、うれしいときに変えちゃうの。わたしのしあわせのもとは、花咲かじいさんのように灰とはかぎらないけれどね。それは、ボーっとする時間だったり、子供たちだったり、たい焼きだったり、ネコだったり……。そのときに応じて、しあわせのもとはどこからともなくやってきて、わたしのそばに、いつもある。

　好きなものが多いと、気持ちが楽しくなってくるよね。みんなも、さがしてごらんよ、しあわせのもと。

「ぼく、チョコレートが好き」

「ハンバーグがいい」

「ふわふわのピンクのわたあめ」

「カレーもいいよ」

――みんなのしあわせのもとって、食べ物が多いんだね。

「ポケモン」

「パパ」

「デジモン」

しあわせのもと

「ドラちゃん」

――アニメのキャラクターとパパは同じレベルなの？　まあ、しあわせのもとにはちがいないのかな。

これからも、どんどんしあわせのもと増やして、楽しい時間がますます多くなっていくといいね。

第9話

かがやくめんたま

——さて、問題です。いい人ってどんな人？

「親切な人」

「困ったときに助けてくれる人」

「よく笑う人」

「ぼく、いい人に会ったことなんかないもん。いい人なんているわけないんだ。みんな嫌な人ばっかり」

——いろいろ出てくるね。いい人がいないという意見もあったね。いいところに気付かないで見過ごしているのだとしたら、残念なことだと思うな。

それでは、悪い人ってどんな人でしょうか？

「すぐ殴ったり、蹴ったりする人」

「泥棒」

「殺し屋だよ」

「むかつくことをする人」

「いい人とか、悪い人とか、よくわかんない。それってどういう意味?」

(でました、「わかんない」攻撃。幼稚園児が得意とする、お話参加戦法。ちょっと大げさになったかな。とりあえずは話に参加しているのだから、まっ、いいか)

「人間は、みんな悪い生き物だって、テレビで言ってたよ。空気を汚して、自然を壊して、地球を病気にしているから」

(きーちゃんは話のとらえかたが、でかい!)

「何言ってんの? そういう意味じゃないだろ。もっとわからなくしてどうするんだよ」

(だーくんのつっこみ、あっ、まずい。二人の視線がぶつかったぞ)

――ふーん。たくさん出てきたね。みんな、いろんな風に考えているんだなって感心しちゃった。

いい人とか、悪い人って、みんなはどこで見分けているの? 親切な人って、いつわかるの? 「悪い人」のところ出てできた、殺し屋や泥棒って、パッと見てわかるものなの?

「……」

――あれ? だれもアイディアがうかばないのかな。

第9話

　では、見分けがつく方法をみんなにちょこっとだけおしえちゃおうかな。

　まずね、いい人って、目から光があふれ出ている人。光かがやく「めんたま」で、まわりをすっかり明るくしちゃう人。笑顔が似合っていて、胸を張って歩いていて、体のあちらこちらから光がキラキラあふれているような人。そういう人からは元気がビュンビュン飛んでくるわ。身なりとか、背丈や年齢なんて関係ないよ。これだけはでに光ってくれれば、出会ったらすぐに、一目でわかるでしょう。

　ちょっとだけ光っている人は、ときどきいい人。光のない人は独りぼっちでさびしい人かな。光りたいけれど心が光を隠しちゃっている人。

　周りをよく見回してみると、心のそこから悪い人ってあんまりいないんじゃないかって、思うことがあるの。心が独りぼっちでさびしいから、人によっては怒りんぼになったり、暴れたり、八つ当たりして、「自分はさみしいんだもん」って心と、闘っているのかなって感じるんだよ。嫌いに囲まれて、楽しくないけれど、どうしたらいいのかわからなくなって、手っ取り早くストレスを解消しようとしているのかなって。

悪い人って呼ばれる人たちって、怒りんぼも、独りぼっちも、みんな自分の心がつくっているのに、それに気付くのが上手じゃなかったり、認めるのが苦手だと、人のせいとか、社会のせいにして、楽ちんに解決したつもりになっているんだと思うよ。ほんのちょっとだけ心の向かうところを変化させたら、ほんとうに楽しくなれるのにね。

心の使い方を間違えちゃって、人や自然を傷つけたりするのが、悪い人って呼ばれているんじゃないかな。

「いい人って、いつも顔が笑っているよね」

「こわい顔をしていたり、にらんでいるみたいな目をしている人っているでしょう。そういう人って、殺し屋になるの?」

――これはまた、ずいぶん飛躍しましたね。ふつうは、そこまで極端に走ることはないはずだから、そんなに心配することはないと思う。ただ、不機嫌になるようなことがたくさん続くと、こわい顔になっちゃうかも知れないな。

みんなは、もっとたくさんの人たちや社会をながめて、あるいは、

第9話

そこで経験を重ねていくうちに、もっと正確に見分けられるテクニックを身につけていくんだろうな。

では、どうしていい人は、目から光がこぼれるんだろう？　明るく元気にニコニコしていられるもとはどこにあるのかな？


「楽しいことを考える」

「恋人をつくる」

「うまいもんをくう」

「百点とって、お母さんにほめられること」

「健康！」

「学校の帰りに、郵便局の前でゴロゴロしているネコに、キスしてもらう」


——ははははは。いろいろあるね。「うまいもん」なんて、すーくんらしい。なんできみがそんなに大きいのか、なんだかよくわかる気がするわ。「健康」って答えてくれたのは、ニツキかな。入院していたんだもんね。

目に集まる光は気まま。みんなの心がけ一つで、ずっといてくれたり、流れてしまったり、蛍のおしりみたいについたり、消えたり

かがやくめんたま

……、さまざまに変化するの。光にずっといてもらうにはね、山ほどのいろんな経験をして、そこから得た感覚を、ちゃんと生かして使うことなんだ。今は、難しいかな。でも、みんなはすぐにできるようになれるよ。わたしはそれを知っているよ。

さて、みんなの目を見せてもらおうかな。どーれ、どれ。あらあら、だーくん、指で目をこじ開けなくたって大丈夫よ。ちゃんとわかるから。

みんなのめんたまは、キラキラしてる。ああ、良かった。

第10話

バクテリア人間

——生まれたての地球に初めてできた命のもとは、なんだと思う？

「恐竜」
「さる」

——もっともっと小さくて、目に見えないくらい小さいものなの。

「虫」
「あり」
「ごま」
「はなのたね」

——全部、目に見えるよ。とことん小さいものを見るときに使う電子顕微鏡を使って、やっと見えるくらい小さいもの。誰か知ってるかな？

「じゃあ、お米？」
「やっぱり、ごま！」

——ゴマがみんなの知っている小さな世界の限界かな。
若い地球で最初にあらわれた命のもとは、細菌なんだよ。細菌つ

バクテリア人間

ていうのは、簡単な仕組みでできた、とても小さな生き物ってこと。人間とか、他の生き物たちが生きていく上で大事な役割もしているの。悪さをする細菌の方が、みんなはよく耳にしていると思うな。それはバイ菌。それのせいで風邪をひいたり、お腹を壊したりするもんね。

「石鹸でよく手を洗わないと、バイ菌がお腹に入るんだ」

「うがいをすると、バイ菌がのどから出て行くんだよって、幼稚園の先生が言ってた」

「人間は、バイ菌なの？」

――バイ菌のほうが人気がありますな。ドラマやアニメでも、悪玉はインパクトがあるもんね。悪さをする方がバイ菌。さて、バクテリアとも呼ばれている、細菌はね、水や空気などをもとにしてできているの。水や空気は大昔の地球にいろんな偶然が重なってできたものなんだよ。

「ラッキー！」

――そうだね。細菌の中にミトコンドリアっていうのが、偶然とびこんで動物のもとになった。細菌とミトコンドリア、その中にあ

第10話

ともうひとつ葉緑体が飛び込んだ細菌が、植物のもとになったんだって。ちょっとの違いなのに、できあがった形は大きく違うよね。

聞いたこともないめずらしい言葉が出てきたでしょう。みんなももう少し大きくなると、学校で学習することになるだろうね。

要するにね、目にも見えないような小さな生き物から、変化を繰り返して、それが木になることもあり、魚になることもあり、蛙のような両生類になったり、とかげのようなは虫類になったり、鳥になったり、サルになったり、人間になったりしてきたわけ。それはもう、とんでもないくらい長い時間をかけて、地球の自然の力が育ててきてくれたんだよね。

それではここで、問題です。ちょっとした偶然のおかげで、二六六日間ぐらいでさっき話したような、魚に見えたり、蛙の赤ちゃんのように見えたり、サルに見えるような変化をする生き物がいます。さて、それはなんでしょう。ヒントは、とても身近な出来事です。

「かえる」

「さかな」

「宇宙人」

バクテリア人間

「わかんない」

——それは、みんなのお母さんと、みんなの関係。

「ああ、子供か！」

——やっぱり難しくしすぎたのかな。

答えは赤ちゃん。人間だね。だから、きーちゃんの答えは、当たり。みんながお腹にいたとき、どんなだったのかお母さんに聞いたことある？

「太って困ったって」

「ぼくが動くと、うれしかったんだって」

「早く生まれそうになったから、入院して大変だったって言ってた」

「うんちが出るのか、人間がでてくるのか迷ったんだってさ。これ、どういう意味？」

——やっくんのお母さんは、ずいぶん具体的に話してくれたんだね。他にもいろいろあっただろうに……。

お母さんたちは、みんなのために、食べる物を気をつけたり、やさしく動いてみたり、きれいなものを見たりして、わが子が元気に生まれてくるために一生懸命努力をしてくれたはずだよ。

第10話

では、お腹の中でみんなはどうだったんだろう。

「赤ちゃんだった！」

「その通り！」って、あたりまえでしょう。

どんな具合にみんなができあがったのか、お腹の中の様子に少し触れてみようかな。

細菌のところで話したように、人の始まりも、目には見えない小さな粒だったの。一ヶ月くらいでね、脳や骨、目、耳、鼻、皮ふとか、心臓とか、血管などができ始めているの。みんなの体は、粒から魚みたいになって、おたまじゃくしに似た形のときもあるけれど、次第に、人間らしい姿に変わっていくの。でも、お母さんはまだこの頃、みんなのことには気付いていない。

二ヶ月を過ぎると、皮ふは透明だけど、足がしっかりしてきて、指ができてくる。みんなの大きさは親指くらい。まだ小さいね。このへんで、お母さんはみんなが、お腹にいることに気付くんだ。お母さんにみんなが知らせるんだよ。「ここにいるよ」って。そこで、お母さんの身に変化が起きる。

「あっ、知ってるよ。気持ちが悪くなるんだ」

バクテリア人間

「そうそう、ぼくのお母さんなんか、いま死にそうなくらいはきそうだって」

――へえ、ニッキのお母さんって、いま妊婦さんだったのか。お母さんにおめでとうって伝えてよ。でも、よくあれだけのヒントでわかったね。二人ともすごい。

五ケ月くらいになるとね、赤ちゃんは、わたしの手のひらくらいの大きさになっている。ほれ、このくらい、手のひらサイズ。

六ケ月から七ケ月くらいになると、お腹にある羊水って呼ばれている、宇宙一きれいな水を飲んで、おしっこをする練習も始まるの。

「げーっ、きたない」

――宇宙一きれいなおしっこなんだから、平気なのよ。

このころからお母さんはもりもり食べて、赤ちゃんに栄養を送るから、みんなの体は、ぷくぷく丸くなって、かわいらしさがぐんぐん増えるんだよ。生まれるころには、だいたい身長が五十センチメートルで、体重が平均で三千二百グラムくらいの体になって生まれてくるの。

どう、最初に話した地球の長い長い生命誕生の話は、コンパクト

第10話

サイズで身近なところでも起こっている。なんと、それがお母さんのお腹の中なのよ。ちょっとすごくない？

　大昔から命は、偶然であった細菌が、よりよい方法を選びながら、受け継がれているんだよね。

「ねえ、人間はやっぱりバイ菌なの？」

——人間は人間だよ。とことん大昔まで人間のルーツをたどれば、小さな細菌までさかのぼるけれどね。

「細菌って、バイ菌なんでしょ」

「バクテリアって言ってた」

——悪さをするのは、バイ菌だけれど、それは、風邪や腹痛を起こすような困ったちゃんなの。それは、別の話。細菌は、人の体で、役に立っている。いっしょに助け合って生きているんだよ。

「げげっ。やっぱりバイ菌だ」

「バイ菌マンだ」

「バクテリア人間だよ」

——だーくんも、きーちゃんも、そんな訂正をしなくてもいいのよ。

バクテリア人間

「わーい。バクテリア人間だ」

——だから、違うってば！

第11話

なんちゃってね

——さあて、もうすぐクリスマスだね。みんなにわたしから歌のプレゼントをしますね。

曲名は「赤鼻のトナカイ」。これは手話もあわせて紹介するよ。初めは区切って練習してみよう。次にゆっくり流して、最後にインテンポで歌と振りをつけて完成させるからね。さあ、やってみようか。

「学校で、手話やったことある。赤鼻のトナカイじゃないけど」

「ぼくも、手話を習ったことがあるよ。知っている方をやりたいな」

——新しいのに挑戦するのもいいじゃない。いろんな言葉が増えていくんだから、いいことだよ。

「そんじゃ、やりますか。つきあいましょう!」

——がっちゃん、その言い方じゃあ、おじいさんみたい。きみ、まだ、四歳でしょう。

フレーズを一つずつ区切るからね。わたしの歌と手話を真似てよ。

なんちゃってね

バックミュージックなしで、こうやって歌を歌うのってア・カペラって言うの。ちょっとおしゃれでしょう。

どう、ついてこれそうかな。

(けっこうみんな、ノリがいい。手話を知っている、って言うだけのことはあるな。音程は目をつぶることにする。リズムはちょっと……。これって、音楽?)

みんなすごいね。さすが、若いだけのことはある。じゃ、ちょっとテンポをあげようかな。もっと、もっと集中しないと大変だよ。

じゃ、やってみよう。

「あー、先に行かないで」

「はやいよ」

――ぼやいているわりに、手はしっかり動いているわね。そう、それでいいよ。

最後に、超特急でやってみようか。よーい、スタート。

「あっ、先生、まちがえた」

――あっ、しまった! おもいっきりやってしまった。格好悪いな。いやー、失敬、失敬。

第11話

気を取り直して、もう一回。超特急！　さん、はい！

（早すぎたせいで、バナナのたたき売りをしているよう。大声で、まくしたてているだけになっちゃった）

これでわたしからのクリスマスプレゼントは終わり。

「えー。おもちゃはないの？」

——それは、本物のサンタクロースにもらってよ。

「サンタクロースって本当にいるの？」

「うちは、パパがサンタクロースの知り合いだから、パパなら知ってると思うよ」

「おまえんち、親が、気を遣っているんだなあ」

「あんたたちに聞いていているんじゃないの。ねえ、先生、サンタクロースは本当にいるの？」

——今日のさっちゃんは、かなり真剣ですな。

サンタクロースだけれど、わたしはいると思うな。いまでもいると思えるのは、本物のサンタクロースのプレゼントは、幸せとか、楽しさ、うれしさをまちがいなくみんなのもとへ運んでくれてるから。プレゼントは、みんなの家でいろんな形に変わるけど、そのモ

なんちゃってね

ノが、みんなの楽しみに待っている物だってことを知っているんだよね。プレゼントを受け取ったときのみんなの笑顔で、サンタクロースも幸せをもらっているんじゃないかな。だから、毎年忘れられない仕事になっていると思うんだけど、どうかな？

「うーん、なんか、よくわかんない。でも、やっぱりいるのかな」

――さっちゃんは、まだ気になっているのかな。

「大人って、うまいこと言うものよね」

――きーちゃん、あなたはもしかしたら、大人かもね。

「なんでよ！」

――……。

「じゃあ、空を飛んで来るっていうのは本当？」

（言葉につまったわたしを、そっちのけにして、さっちゃんの質問は続いていた）

――実はね、それについては、科学的な話があるの。星を観察するのが仕事の科学者が、クリスマスイブから翌日の十二月二十五日までカメラのシャッターを開けっ放しで星の写真を撮っていたんだって。ちょうど二十五日に日付が変わるとき、不思議な光の影が映

第11話

っていたの。よくよく観察してみると、そりを引くトナカイたちのように見えるわけ。カメラの前の通過速度を計算してみたら、一時間で地球を一周できるくらいの早さだったらしいよ。通過速度っていうのは、ある時間をかけてカメラの前をなにかが通り過ぎさっていく速さのこと。

北極に近い国に住むイヌイットの人たちが、トナカイが飛んだのを見たことがあるんだって。北に行けば行くほど、うまく角に風を受けて飛べるトナカイが多くいるらしいの。角の形に秘密がある。トナカイの角って知ってる? 大きな角なんだけど、それが、飛行機の羽のような役割をするんだってさ。高い上空を流れるジェット気流をとらえて、ビューンって猛烈なスピードで飛びまくるんだって。

トナカイの顔の骨格は空気の摩擦や抵抗を受けにくい理想的な作りになっているんだって。つまり、骨の作りが飛びやすいのよ。

サンタクロースは人間のように見えるけど、空を飛ぶときは鼻を赤く光らせて、トナカイになってるらしいよ。

「そんなの、やだー!」

——フッフッ、ハハハハハ！

第12話

水になれたら

——今日はとても身近な水について話そうね。

みんなは「水」って聞くとどんなことを思い出すかな？

「池」

「おしっこをもらしたときの水たまり」

「学校のプール」

「海」

「川」

「トイレの水」

「雨」

「水道の水」

「コップの水」

「お風呂の水」

「涙」

「うんちを流すときの水」

——おしっこの水たまりと、トイレの水と、うんちを流す水って、

水になれたら

がっちゃんは、おへそから下の話が好きなのね。とってもリアルにイメージできたわ。

他にもたくさん、水に関係している場所が出てきたね。水って、いろんなところにあるんだよね。

それでは、水の形って、どんなだろう？

「水って形があるの？」

——考えてごらん。きーちゃんのイメージでは、水はどんな形をしているの？

「わかんない。なに言ってんの？」

——がっちゃん、すぐ逃げないで、想像してごらん。

水の形のこと、みんなイメージが出てきそうにないのかな。

みんなが発表してくれた、水の入っている容れ物や、水のたまっているところは、外側の形にピッタリ、フィットしていると思わない？

水をためておける場所に、あるいはモノに、水は、形を変えている。どんな形にも対応できて、いつでもその形に、ピッタリ。

でっかい海の水だって、コップの水だって、水はその容れ物の形

第12話

のままを、自分の形にしてしまっている。水自身はしっかりその形の中にいて、確かに水の役割をする。そのワクにとらわれることなく、水らしくしている。

これって、水の徳性なんだよ。外側にとらわれずに、水は水らしく、水であり続けることがね。

水の性質をみんなにあてはめてみたらどうなるかな。やってみようか。

みんなの場合は、家族と住んでいる家や、学校や、稽古場あたりが容れ物にあたるだろうね。当然、他にもあるだろうし、成長するにしたがって容れ物の変化は大いにある。どんな場所にあっても、みんなは自分らしくあり続けられているかな。

容れ物、つまり場所によってみんなの呼ばれ方も変わる。家族の中では子供、幼稚園や保育園では園児、小学校では児童、稽古場では生徒。ほらね。呼ばれ方が変わると何か、別な人になったようだけれど、君たちにはかわりない。だから、みんならしさをそのままにして、いろんな場所で、自分を生かしている。水の徳性に似ているね。

水になれたら

わたしの場合なら、容れ物が、そりゃたくさんある。いろんな場所に出向くからね。そんなとき、わたしは、娘と呼ばれたり、先生と呼ばれたり、お客さんって呼ばれることもあるし、病院へ行けば患者さん、学校では学生って呼ばれることもある。でも、わたしは原田瑶子で、どんな呼ばれ方をされていても、特にそれにとらわれることなく、わたしはわたしらしく、原田瑶子であり続けている。

みんなといっしょだね。

あれ？　みんな目が遠くを見ているよ。おーい。

ちょっと難しくなっちゃったかな。

「……」

――みんなの心の中にも、水の徳性があるよ。そういえば徳性っていう言葉が難しいのかな。徳性の意味は、良い性質、いいところってこと。

みんなの体は、大きかったり、小さかったり、太っちょの子、やせてる子って体のサイズはいろいろ。その中に、ひとりひとりの経験、感性、考え方などが混ざった水が、体の形にあわせて入っている。容れ物の大きさが違っても、中の水の徳性は変わらない。みん

第12話

なのいいところ、つまり長所であることになんの変わりもないもんね。

　今度は地球サイズで、水を眺めてみようか。雨が降って川になる。川の水はやがて海に流れていく。太陽に暖められた海の水は、軽くなって空へ昇っていく。空に昇った水の粒は、雲に集まって、雨になる。どんなに大きな容れ物でも、水はそんなことかまわずになじんで、水であり続けている。

　自然はね、ゆっくりすぎて、あまりにも大きすぎることを、たんたんとやっているから、なかなかみんなは気がつきにくい。でも、こうしてあらためて考えてみると、いいことを私たちにたくさん教えてくれているよね。

　水は人間や、動物や植物など、様々な命の支えになって、みんなを育てているけれど「わたしはこんなに頑張っているんだぞ。あんたら、ちょっとは感謝しなさいよね」なんておしつけがましくふるまったりしていない。人はついつい欲張りになって、上へ上へと昇っていきたくなるけれども、水はみんなが嫌う低い方へと下りながら、周辺の生き物みんなを育てていってる。

水になれたら

目標を掲げて頑張ることはとてもいいこと。でも、大切な何かを見失ったりしてないかしら。夢に向かって行くときも、夢にとらわれすぎて、うっかり自分を傷付けていることがあるかも知れない。まわりとの調和をはかりながら、いっしょに育っていくって結構むずかしい。自然ってすごいよね。人がこんなにいろいろ考えて、頭を使わないと行動できないようなことを、なんのとらわれもなく、ゆうぜんとやりぬいているんだから。

水の流れには、無理がなくて、変化に応じてきわまるところがないもの。無理してないから、なにがあっても限界がこないってこと。こんな水のいいところにならって、わざわざ他と争わず、リラックスしたまま、自然にあった形で、自分の身を世間にゆだねてみたらどうだろう。かえってみんなの思い通りの能力をどんなときでも発揮できると思うんだけど、どうかな?

「今日の話、むずかしいよ」

「わかんない」

「水がこんなことになっているとは思わなかったよ」

「水はえらいの?」

第12話

――うん、えらい！　これがなくなると、この地球の生き物はすっごく困っちゃうもの。

　今日の話はちょっとむずかしかったかもしれないなあ。まあ、そのうちわかるでしょうね。小さいころ、稽古場で原田先生っていう人が、水についてこんなこと言っていたなってときどき、思い出してみてよ。何かきついことがあったとき、ちっとは役に立つだろうから。すべては積み重ねだから、何かのきっかけで「そういえば」って少しだけ思い出してくれると、わたしとしてはすごくうれしいんだけどね。

　またどこかで、他の誰かからも同じようなことを耳にすると思う。そのとき、なんか聞いたことがあるなでもいいと思いますよ。経験を重ねることで、同じ話も、ちがって聞こえてくるものだから。

　みんなはぐんぐん大きくなる。そして、これで終わりってことはないよ。もちろん身長には限界があるけれど、心の方は、水のようにきわまることなく伸びていけるもの。わき出る泉のように、水を生み出し川をつくって、海に注いでいく。そのときの流れ方は、だれひとり同じじゃないから、素敵なことが起きるんだよ。

ちびっ子にあるでっかいもの！

――まだ子供だから、やらせてもらえないんだろうなって、やってみたいことをあきらめたことがあるかな？　もし子供だからってあきらめていることを、やってもいいよって言われたら、みんなはまず、何からやってみる？

「べつになーい」

「やりたいことなんて、なんにもないもん」

――ええっ！　ほんとうに？

「好きなときに、好きなだけゲームをやりたい。あと、映画もいっぱい見たいな。ドラえもんとか、しんちゃんとか、いっぱいやってるでしょう？」

「ひとりで電車に乗ってみたい。遊園地とか、動物園とか、好きなところに行く」

「遊園地の飛行機とか、ゴーカートにひとりで乗りたい。パパといっしょだと、きついし、パパ、自分ばっかり運転するから。小さい子はひとりで乗ると危ないんだって。でもぼく、小さくなんかない

第13話

もん」

――好きなだけ映画を見るっていったのは、しんくんだったっけ。大人って、いつでも好きなことをしているって見えるのかな。

いつものように、イメーシの世界で遊んでみるか。さあ、目をつぶってごらん。思い浮かべてよ。やってみたいことを自由に挑戦している自分の姿を。なにから始めようか。もし、実行したらどんな自分を発見できるんだろう。どのくらい楽しい自分に変わっているか、想像してごらん。

「やっぱりおこられる」

「なんにも思い浮かばない」

「意味わかんなーい」

――どうしちゃったの？　今日はずいぶん消極的ね。

時間はどんどん流れていくんだよ。こうしている間にも過ぎているでしょう。何かに向かって行動を起こしてみよう。チャンスっていうのは、なんの予告もなしにやってきて、なんにも言わないで消えていくの。何回もそれがやってくるけど、そのときの自分が「好き」に夢中になっていないと、実行できるいい機会が近づいていて

ちびっ子にあるでっかいもの！

も、気がつかないで通り過ぎてしまうことだってあるんだよ。

なにかをやってみたいなって思ってはいるけれど、チャンスをずっと待っているだけだったり、時間を見過ごしていることもある。大人になってから考えると、何度も目の前をチャンスが通っていたって、わかるんだけれどね。ああ、もったいないことをしたなぁってね。

どうかな。挑戦してみたいこと、浮かんできたかな？

「本当は、すごいものになりたいんだよ。でも、ばかじゃないの、無理に決まっているだろうって、パパに言われたからもう言わない。はずかしいから」

――別に言わなくてもいいよ。しんくんには、挑戦してみたいモノがあるってことがわかったからね。その、ものすごいものになっているしんくんを想像してごらん。誰がなんと言っても、「やってやるぜ」の仲間に、そのものすごいものを入れておいてよ。こんな自分になってみたいっていう気持ちがあると、ムクムク元気がわいてくるから。

「自信ないな。やってみたいことあるけど、絶対、失敗するよ。人

第13話

にばかにされるのはいやだ」

——だーくんって、失敗したことないの？

わたしなんか、失敗の方が多いかも知れないな。人に笑われようが、ばかにされようが、行動に起こすことに意味があるんだよ。成功しても失敗しても、それを体験した人は絶対に強い。

なにかをするってことは、成功ばかりじゃないんだ。当然、失敗もある。失敗も自信を持ってやればいいんじゃないの。自信のある失敗は、すぐ、成功に変われるからな。なぜだかわかる？

思いっきり失敗するとね、まわりの反応は確かにすごく大きい。ブーブー言われるけど、その言葉の中には、次にどうやったらいいか、ヒントが隠されているの。ばかにされた反対をやればいいじゃない。自分で別のやり方を考えるのもいいけれど、とりあえず、相手が勝手に情報くれるから、楽ちん。だめかな？

「でも、失敗するのは、やっぱり恥ずかしい」

——少しずつ慣れていくんだろうな。失敗の行為も、同じかたまりになって、当たり前のがんばれる行動になるんだ。そのうちわかるよ。

ちびっ子にあるでっかいもの！

みんながなりたい自分になるには、なんにもしないで待っていちゃダメだよ。みんなの中に眠っている、なんか、でっかいものがあるはずなんだ。それをやり遂げられるのは、他の誰でもない、あなたたちなんだよ。

あのね、もし、みんなの持っている自分らしさを生かせたら、恥ずかしいなとか、ばかにされちゃうかなっていう気持ちは、どっかに飛んでいっちゃって、自信に変わっていくんだよ。

みんなの知りたがっている答えのある入口は、今どこにあるかわからなくても、そのうち見つけることができるはずなんだよ。

ちびっ子のうちから、やってみたいことをやってごらん、自分の好きな扉を好きなときに開けてごらんよ。誰も行ったことのない場所の扉を開けることが、いまのきみたちにはできるんだから。

わからなくなって、困っちゃったら誰かに相談したっていいんだよ。もし、よかったら、わたしだって力になれると思うし。

「なんでも話していいの？」

「先生は、聞いてくれるの？」

――もちろん、今までだってそうしてきたでしょう。おうちの話

第13話

とか、学校での出来事とか、テストで百点取れてうれしかったこととか、お父さんやお母さんにほめられたこととか、わたしはみんなとのお話を、ちゃんと覚えているよ。

「うん、うん」

――みんなたくさんいいところがあることを、わたしはよく知っているの。

長所はみんなをぐんぐん育てる。得意をもっと伸ばしていこうね。みんなはまだちっちゃいけれど、「好き」を生み続けることができる、でっかい宝を持っていると、わたしは確信しているんだ。

「原田先生はなんで、人のことなのに、そんなに自信が持てるの？」

――きーちゃん、めざといところに気付きましたな。なんで自信が持てるかなんて、そんなこと、当然でしょう。

こうしてみんなとふれあっているとね、しっかり感じるんだよ。いいものをみんな持っているなって。これはね、わたしがものすごくたくさんの子供や大人を見たり会ったりして、いっしょに仕事などもしているうちに身に付いた感覚なんだよ。ほとんど、わたし特有の動物的感覚だから、説明しにくいんだけれど、はっきり感じる

ちびっ子にあるでっかいもの！

んだよ。みんなは、素晴らしくいい子たちだってね。確信しているよ。

「ふーん……」

「先生は、動物だったんだ」

――うん、野生に近い……って、そんな話じゃなくて。

自分にいいところがあるって、自分が気付ければ、それにこしたことはないけれど、一番困っちゃうのは、自分は悪いところが多いって、思い込んじゃうことかな。「どうせ、だめなんだ」って思い込んでいると、実際そこにある本物の、事実をありのまま見えなくしちゃうからね。まだ起きてもいないこと、それどころかなにも行動する前に「きっとまずいことになる」「ぜったい、うまくいかない」って、思い込んでいるために、せっかくのチャンスを見逃したりするんだよね。

びくびく、おどおどして「こわいよー」「やだなー」「だいじょうぶなわけないよ」の中にいるとね、いままさに楽しい瞬間ってのを、精いっぱい生かしていけないでしょう。これって、もったいないって思うんだよ。

第13話

うんと後になって、「あーあ、やっぱりあのときやっておけば良かった」って、後悔が始まったら、もう最悪。あのときがんばりはぐったって、また、落ち込んじゃったりして、またまた「こわいよー」「やだなー」って、経験を増やしちゃう。用心深くなりすぎるのも考え物なんだよね。

少しずつでいいから、「やってみようかな」を試してみよう。じゃまっけな心配事がそのうちに消えてくれれば、後悔はうんと少なくなる。そしたら自信につながるし、みんなの内側にある、きらめきを大きく表現することだってできるよ。

初めっからパーフェクトなんて、考えなくていいんじゃないの。譲り合ったり、与えあったりしているうちにいいものを、自分に取り込んでいけばいい。

ちっちゃなみんなは経験が少ないけれど、少ないからこそ、これからどんどん満たされていくチャンスがいっぱいあるってこと。別にそれを見せびらかさなくたって、自分が頑張って楽しんでいれば、それで充分。そんな幸せそうなみんなを眺めていれば、まわりの人たちだって、幸せな気分になる。「ハッピー!」のおすそわけだよ。

ちびっ子にあるでっかいもの！

好きな自分の部分で行動するわけだから、無理に動くわけではないでしょう。だったら、それは長続きするだろうし、いい事ばっかりよ。

信じられなくても、まず、やってごらんよ。なりたいものにいつのまにかなって、自分に幸せが返ってくると思うから。

なりたい自分になってみようよ。今日からやってみようよ。この間話した、水みたいに力を抜いてゆうゆうとして、のびのびと自分を表現してみない？　そんなもの、どうでもいいじゃない、って思うようなところにもチャンスはあるから、心を柔らかくしておこうね。

みんなには、まだ時間がたっぷりあるよ。だからさ、ゆっくり探してみようね。本物の大好きを、みんなの心の中から見つけたら、いろんな幸せが、イモづるを引っ張るみたいに、くっついてくるよ。ずるずるっと、ずっとね。

まだ、おまけがある。そんなみんなを友達が助けてくれるようになるよ。目がキラキラしている人には手を貸したくなるからね。

「ほんとうかな」

第13話

――えー？　まだ、うたがっているの？　まず、やってごらん。やらなきゃ、わかんないよ。

　今、みんなのいるところが、いつも始まりだよ。どこへ、どうやって、どのくらい行くのか、誰も知らない。だって、やり方がたくさんあるし、終わりもないから。みんなが進む限り、ずっと続くの。自分を生きるんだよ。

　これまでみんなに話してきたとおり、自然は止めどなく繰り返して、たくさんのものを育てている。みんなは、そのほんの小さなひとり。でも、でっかいことができる、ちっちゃな宝。

　みんなが宝だってことは、まだみんなが気付いていないだけ。みんなが大きくなったら、自分で見つけた宝を、わたしに見せに来てよ。ああ、楽しみだわ。どんな風に育つのかしら。本当に知りたいわ。みんなかならず教えてよ。

「なんでそんなに知りたいの？」

――みんなの光が見えるから、どうなるか、もっと知りたい。ちっちゃな木の芽が育っていくところを見るのが楽しみだな。そういうところをゆっくり眺めるのが、すごく好きだからね。わたしの趣味。

「ぼくたちのこと眺めるのが、なんでそんなに楽しみなの？」

「原田先生ってさ、わたしたちのこと、好きなの？」

――うん、大好き！

おわりに

わたしのもっとも得意とする、「極楽とんぼ系楽ちんモード」は、難しいテーマにオブラードをかけ、深刻な話も、子供向けに変えていきます。いや、そのつもりでいます。選んだテーマによっては、わたしの好きな分野であるがゆえに、自分で勝手に盛り上がって、収拾がつかなくなることもありますが、そこのところはご愛敬。

子供たちに話をしていると、これまで自分がどのくらい頑張って生きてきたのか、試されているような気がします。強面のご意見番の前に座らされるより、子供たちの目にさらされている方が、はるかに緊張しますから。

この話の中で稽古場と呼んでいるところは、合気道の道場です。子供の心の成長を研究している立場から、合気道の子供クラスを、師範の補佐として指導することになりました。三歳から十歳くらいまでの子供たちがわたしの受け持ちです。

そこの道場は、心（精神）の育成のために、稽古の始まる前に「合気」の「道」を説く時間があります。しかし、わたしの受け持つ曜

おわりに

日だけは、そのテーマもバラエティーに富んでおり、天文学や、動植物学から、偉人伝、歌唱ミニレッスンに至るまで、出席した子供たちの顔ぶれにあわせて、当日その場で内容を構成しています。

　現況にとらわれず、のびのびした感性でいまを乗り切ってほしいという思いを込めて、わたしは話し続けます。一九九八年八月から二〇〇〇年二月までの子供たちとのふれあいを、ダイジェストでこの作品の中に盛り込みました。クラスの様子を、ほとんどそのまま記録したつもりです。幼い口調の箇所もでてきますが、あえて、ありのままにまとめてあります。

　子供クラスの空気が、そのまま読者のみなさんに伝わることを、心から願います。

――それでは、ちびっ子クラスのみんな、背筋を伸ばして！　このへんで終わるよ。

お話はどうだったかな？

今日のネタを、試してみようかと思った子はいるかしら。実行した子は、どんな具合だったか、わたしに教えてね。

では、終わります。礼！

著者略歴

原田　瑶子（はらだ　ようこ）

児童心理研究家、ヴォーカリスト、フリーライターで、森とフクロウが好き。それから猫も好き。

在日エジプト大使のご令嬢の家庭教師をしたり、子供のためのオープンエデュケーションスクールで、英語教師もしたけれど、長女出産後に慶応大学へ入学。

でも、子供が三人に増えたので、思考タイプの児童心理研究モードから経験タイプの児童心理研究モードに変換。つまり、中退。

会社のオーナーだったこともあったけれど、相変わらずフルタイムで子供達の観察は続けている。

著書に『わくわくどきどき赤ちゃんがやってきた』などがある。

たんぽぽみたいに

2000年12月1日　　初版1刷発行

著　者　原田瑶子
発行者　瓜谷綱延
発行所　株式会社文芸社
〒112-0004　東京都文京区後楽2-23-12
電話　03-3814-1177（代表）
03-3814-2455（営業）
振替　00190-8-728265

印刷所　株式会社平河工業社

乱丁・落丁本はお取り替えします。
ISBN4-8355-0830-0 C8093